李磊

崔庆极 ◎ 主编

堃航博物馆藏品系列

瓷器

四川大学出版社

项目策划：梁　平
责任编辑：杨　果
责任校对：高庆梅
封面设计：璞信文化
责任印制：王　炜

图书在版编目（CIP）数据

堃航博物馆藏品系列．瓷器／李磊，崔庆极主编
一 成都：四川大学出版社，2019.9
　ISBN 978-7-5690-3100-3

　Ⅰ．①堃… Ⅱ．①李…②崔… Ⅲ．①博物馆－历史
文物－重庆－图集②瓷器（考古）－重庆－图集 Ⅳ.
① K872.719.2 ② K876.32

中国版本图书馆 CIP 数据核字（2019）第 218544 号

书名　堃航博物馆藏品系列——瓷器

主　编	李　磊　崔庆极
出　版	四川大学出版社
地　址	成都市一环路南一段 24 号（610065）
发　行	四川大学出版社
书　号	ISBN 978-7-5690-3100-3
印前制作	四川胜翔数码印务设计有限公司
印　刷	四川盛图彩色印刷有限公司
成品尺寸	210mm×290mm
印　张	13
字　数	184 千字
版　次	2019 年 10 月第 1 版
印　次	2019 年 10 月第 1 次印刷
定　价	198.00 元

四川大学出版社
微信公众号

堃航博物馆赋

巴周故地，三河汇碧，钟灵毓秀绝群伦。竹海茶山，子庄乡里，人文荟萃冠众芳。石松百尺，圣水两清，应叹造化莫测。铁岭夏莲，桂山秋月，岁岁馨闻麝兰二。当今华夏，文昌武盛，三教鼎隆领风骚。有篆永曾氏昆仲，世之俊杰，豪散家帑而汇古雅。适家国盛世，宇内气清，慨竭己力以承文化。荟神州千载瑰宝，萃炎黄百代精华。

三皇缈缈，五帝冥冥，周承夏商，春战秦统；吾汉文化灿若星河。百家争鸣，丝陶华灿，有清竹茶香之妙，复金石碑帖之雅。汇斑驳古玉之奇，古今同赏；集钟鼎尊彝形胜，静室兰芳。汉唐遗珍，万国交赞；宋元明清，韵盖天下。吾族有伟汉之开疆，盛唐之华章，昆泰之峨峨，长黄之荡荡。羲之兰亭，墨香犹存；青莲谪仙，仗剑诗狂；苏子赤壁抒怀，武穆词赋满江；阳明圣教光大，文正冰鉴流芳。巍巍哉华夏！雄雄乎中华！悠悠哉思古！殷殷乎以待后来！

岁在戊戌残冬初六日　南浦李磊　撰

渝永建设
YUYONG CONSTRUC GROUP
堃锐博物馆
热烈祝贺堃航博物馆开馆誌庆——重庆领风文化传媒有限公司
鉴古集古赏古思古——永川区曾氏宗亲联合
文化精髓 薪火相传——永川区建筑企业协会
传承中华文明 保护传统文化——永川区收藏家协会
玖州方圆雅集万宝 训俭示康家风清扬——永川区美术家协会
散私帑汇集古雅 竭己力传承文化——永川区摄影家协会
弘扬中华文明 建设永川文化——永川民间文艺家协会
堃载千宝扬国粹 鹏航万里汇奇珍——永川区书法家协会
展示华夏文化精髓 彰显民族文化特色——四川省收藏家协会
树立文化自信 放飞中国梦想——重庆市收藏家协会
立足永川放眼天下 建设渝西文化高地
承华夏千载文明 促民族伟大复兴——泸州市收藏家协会
中国梦想 文化力量——内江市收藏家协会
竹木牙角皆至宝 瓷玉珍玩世无双——乐山市收藏家协会
往事越千年 传承永不变——渝北区收藏家协会

目录

陶瓷浅论 001

战汉陶器 009

原始青瓷 014

三国两晋南北朝瓷器 016

隋唐五代瓷器 021

宋代瓷器 026

元代瓷器 055

明代瓷器 065

清代瓷器 085

民国瓷器 193

陶瓷浅论

原始时期

万年仙人洞位于江西省万年县大源乡，是14000年前新石器时代的古文化遗址，也是现今已知世界上年代最早的原始陶器生产地之一。我国最早的彩陶发源地在黄河流域，尤其在陕西的泾河、渭河以及甘肃东部比较集中，当时制陶已成为一种专门技术。陕西半坡文化的彩陶略晚于甘肃天水大地湾一期文化，其纹饰也比大地湾文化略为复杂，以几何纹样为主。以陕西、河南、山西三省交界地区为中心的仰韶文化庙底沟类型，彩陶花纹则更加富于变化，多见以弧线和动感强烈的斜线体现变形的动物形象。

距今四千年左右的甘肃马家窑文化，是由半坡文化派生发展的一个分支。与之相关的另外两个支系是甘肃半山文化和青海马厂文化，是继山东龙山文化之后的又一个辉煌时期。陶器上出现装饰，是人类生产力进步的表现。人类在解决温饱等最低需求问题之后，已经懂得用有色矿物简单绘画图案纹饰于陶器器身。

至新石器时代中、晚期，陶器种类开始增多，从泥质或夹砂陶发展到灰陶、黑陶、彩陶和白陶等。

就现有的资料而言，可以说原始陶器不仅是我国古代艺术的瑰宝，在世界文化艺术史上占有重要的一席之地，而且是全人类的宝贵文化遗产，是人类文明史上无比辉煌的一章。

先秦时期

商朝殷墟的遗址中挖出的陶片、陶罐等器物有多种款式。材质上有灰陶、黑陶、红陶、彩陶、白陶，以及带釉的硬陶，这些陶器上的纹饰、符号、文字与殷商时代的甲骨文和青铜器有密切的关系。相较陶器而言，青铜器皿因其制作成本高，当时只能为少数贵族享用，广大民众的各种生活器皿只能采用陶器。因此商代制陶工艺也得到普遍的发展，带釉的硬陶在这个时期已经出现，釉色青绿而带褐黄，胎质比较硬，呈灰白色。

陶器在此时已经不再局限于盛物器皿，应用范围更为广泛，大略来讲，可分为日用品类、建筑构件类、殉葬类、祭祀礼器类等。

秦汉时期

我国古代建筑多采用木材架构，不易久存，所以历史上一些著名的建筑，如秦代的阿房宫、汉代的未央宫、唐代的大明宫等，都已湮灭在漫漫的历史长河里。但今天我们仍可在这些残存的废墟遗址中发现陶质瓦当及砖等建筑物构件遗存，借以略窥古代制陶工艺。

瓦当 屋瓦以纵向排列，每一列最前端的一片瓦被人们称为瓦当。瓦当的正面通常装饰有纹饰精美的各种图案，一般多见云头纹、几何形纹、饕餮纹、文字纹、动物纹等，其丰富多样的纹饰所表现出的艺术之美，是我国古代劳动人民的伟大创造。

汉砖 汉砖上的雕饰，包罗万象，更为繁复美观。无论是彩绘或是浮雕图像都生动活泼，线条灵活，图案往往表现当时人们生活中的各种场景。在四川省彭山县（现彭山区）发现的汉墓中，有一种圹砖是专供修筑墓体或墓道使用的，其砖形制硕大，砖体中空，与今天的水泥预制板相类，制作技艺非常高超。

我国古代社会崇尚厚葬，陶器因久埋而不朽，故成为我国古代社会应用最为广泛的陪葬物品。其品类众多，既有模型房舍、乐器、鸟兽家畜等，也有以陶制作代表各种身份的人俑为殉，其中尤以西安秦始皇兵马俑最负盛名。

铅釉陶 铅釉陶是汉代制陶技术的一种创新品种，有黄、褐、绿等色，尤以绿釉器较为多见。汉代窑工以铅的化合物作为基本助熔剂，大约在700℃开始熔融，主要呈色剂则为铜和铁，在氧化气氛中烧成，铜呈现出美丽的翠绿色，铁呈现出黄褐色和棕红色。我国南北各地在东汉中后期就已经能成熟烧制青瓷器物，当时已经采用"龙窑"来提高窑温和产量，制器所用胎土已开始选用高岭土。

值得一提的是，我国南方浙江上虞、余姚、宁波一带东汉时期所产青釉陶瓷器，釉质较硬，为后世闻名遐迩的越窑青瓷的发展奠定了基础。

三国两晋南北朝时期

200年，曹丕废汉献帝自立为王，国号"魏"；第二年刘备在四川建立蜀汉政权；229年，孙权在建业（今江苏省南京市）称帝，国号"吴"，史称"东吴"。至此，"三国"局面形成。从263年魏灭蜀以后，连年战乱，北方出现了五胡十六国的局面。西晋灭亡之后，许多门阀士族渡江南下，先后建立了宋、齐、梁、陈四个朝代，史称"南朝"，与同时代北方的北朝统称"南北朝"。三国、两晋时期，江南陶瓷业发展迅速，相继在萧山、上虞、余姚一带出现了越窑、瓯窑、婺窑等著名窑址。所制器物注重品质，加工精细，可与金、银器相媲美，成为当时名门望族的日用品。

东晋南朝时期，在江西、四川、福建等地各窑的生产技术都有了很大发展。但江浙一带的瓷窑却出现了明显的衰退迹象，瓷窑减少、数量降低、装饰简化、烧造略显粗糙。这种局面一直持续至唐代前期。

相对而言，我国北方生产瓷器的年代略晚。这一时期的动乱局面使中原一带的经济、文化和社会生产力遭受严重破坏。在这以前，关中、中原地区曾是中国的政治、文化、经济中心。频繁的朝代更迭，致使这些地区的陶瓷业出现了明显的衰退，这种现象一直延续至北朝时期。但这一时期的北方却令人惊喜地出现了一种独特的而且对后世有深远影响的陶瓷品种，这就是白瓷。

在我国，众所公认的、真正意义上的瓷器出现在东汉时期。它的坯体由高岭土和瓷石等复和材料制成，在1200～1300℃的高温中烧制而成，胎体坚硬、致密、细薄而不吸水，胎体外面罩施一层釉，釉面光洁、顺滑，不易脱落、剥离。长江中下游的广大地区具有丰富的原材料资源，又富有燃料资源，所以这一地区的制瓷业发展很快，出现了众多的窑址。瓷器的产地俗称"窑口"，是由考古工作者根据古代文献记载或实地发掘所逐步了解的。他们通过实地调查与发掘，基本上弄清了这一时期的一些主要窑口。比如越窑，又称"越州窑"，从东汉时期开创，至北宋衰落。窑址主要分布在浙江宁波、余姚、绍兴、萧山一带。其器物主要特点：胎质细密，呈青灰色；釉质莹润，具有玉质感，釉色深绿，色泽纯正，坯釉结合紧密。唐代诗人陆龟蒙有诗"九秋风露越窑开，夺得千峰翠色来"，以赞美越窑青瓷之美。瓯窑，在浙江温州一带。其特点：胎质白中泛灰，釉层较薄，釉色淡青，透明度高，有细小开片，易脱落。其他比较著名的窑口有江西的洪州窑、湖南的岳州窑、江苏的宜兴窑等。这一时期的瓷器已取代了一部分陶器、铜器、漆器，成为人们主要的生活用具之一，被广泛用于餐饮、陈设、文房、丧葬等。

中国人饮茶的习惯起源于东周时的四川一带，东汉时饮茶之风传至长江下游，此风蔓延迅速，至东晋时，饮茶已成为王室及豪门大户的生活时尚。当时的饮茶方式方法与今日大不相同，需要各种形制不同的陶瓷器具，这在一定程度上刺激了人们对陶瓷器具的需求。

瓷质谷仓罐出现于三国西晋时期，专为死者陪葬所用，也称"魂瓶"或"神亭"，由东汉的五联罐发展而来。这一时期的谷仓罐制作精细，堆塑繁杂，有人物、飞禽、走兽、亭台等。粮食是人类生存最重要的物资，所以从秦汉时期就开始给死者陪葬粮食和各种食物，以供死者在阴间享用，此时的陪葬品中还包括陶瓷制作的整套粮食加工工具和各种炊具。至南北朝时期，佛教兴盛，各地建造了大量寺庙。这一时期，陶瓷建筑装饰构件大量运用于庙观建筑物，图案多为佛教里富有代表性的佛像、飞天、莲花、仙人、瑞兽等。

陶瓷还被大量运用到文具中，如笔筒、水盂、砚等。水盂的功能只是盛磨墨用水的，但造型异常丰富，有蛙形、鸟形、兔形、牛形等样式。陶瓷文具被广泛使用，与这一时期崇尚读书、推崇士儒有关。这一时期的装饰特点比较明显，尤其是三国两晋时期的越窑最为突出。器物上常有表现生活场景的纹样，刻画细腻且逼真，真实地反映了那一个时期的社会面貌，也给今天人们研究当时的建筑、音乐、舞蹈、宗教、畜牧等方面的历史提供了丰富的素材。一些生活用品

如虎子、烛台、油灯等器物上大胆使用各种夸张变形的动物形象，在诸多方面体现了当时社会的集体审美意趣。

缥色（青色）是三国两晋南北朝时期的特色釉，是我国古代南方青瓷系统的代表，与北方地区的白瓷交相辉映。此外，当时常用点褐彩的方式打破单一的青釉，使之更加活泼。这种装饰方法简单易行，适应面广，效果较好，所以被广泛使用。而用褐彩在器物表面上书写文字，是褐彩装饰的另一特色，这种装饰手法在后来的唐、五代时期大为兴盛。其字体形式为我国古代书法研究提供了可贵的实证资料。当今所见的越窑晋瓷，工艺上乘，釉色高古，质地醇素，极具品位。当时的工艺水平下所生产出的陶瓷在釉色上已有了很丰富的变化，青色中有偏绿的、偏黄的或偏灰的，这些与釉料成分、烧成火焰都有很大关系。瓷釉的调制也是其产生的重要因素。青瓷釉最初用瓷石与草木灰混制而成，风化程度差的瓷石一般含有大量助熔剂，常用来做釉，草木灰的作用是引入CaO成分，经过高温烧制与瓷石相互作用形成钙质釉。青瓷自东汉晚期出现以后，经过三国、两晋、南北朝几个时期的发展，在坯、釉质量上有了不同程度的提高，但由于瓷石原料分布地域广泛，原料成分含量多有不同，所以这一时期各地方生产的瓷器釉色和质感有较大差异。

隋代时期

589年，杨坚篡北周并南陈，统一中原，改国号为隋。隋的统治时间虽短，但在瓷器烧制上却有了新的突破。不但有青瓷烧造，白瓷也有很好的发展，另外此时在装饰手法上也有了创新，如在器物上以瓷泥片贴花就是一例。

唐代时期

唐代的瓷器制作技术发展得更为成熟。陶与瓷的主要区别在于器物胎质的坚硬程度，而瓷器烧造胎质是否坚硬致密，关键在于窑内烧造温度的高低。汉代虽已有瓷器，但因烧造温度不高，质地脆弱，只能算是原始瓷器。发展到唐代，窑温已能达到1000℃以上，烧制的瓷器胎质坚致细密，釉面也更为透明亮丽。所以我们说，唐代才是真正意义上进入瓷器的时代，其时尤以南方的越窑与北方邢窑最有代表性。

越窑与邢窑　越窑窑址在今浙江绍兴一带，主要以烧造青瓷为主；其所制之青瓷釉色明彻如冰，晶莹温润如玉，色泽青中带绿，与茶青色相近。

邢窑窑址在今河北邢台市，主要以生产白瓷为主。邢窑所产的白瓷，土质细润，器壁坚而薄，器型稳厚，线条流畅。

唐三彩　唐代陶瓷最重要的品种是驰名中外的唐三彩，直到今天，唐三彩依然受到人们的喜爱与珍视。唐三彩是一种专用于陪葬的陶器，其釉色多彩亮丽，以黄、绿、青三色铅釉为主，故名唐三彩。不一定每件唐三彩都是三色俱全，也有的器物所施色釉少于三种或者多于三种。多色交叉混合的上釉技术所制造出的各种美丽纹饰，使唐代三彩器物在艺术表现上显得变化无穷，彩色斑斓，异常美丽。

唐三彩产地主要分布在长安（今西安市）和洛阳两地，在长安的称西窑，在洛阳的则称东窑。

五代十国时期

唐朝经过安史之乱，国势日衰，逐渐走向王朝的末日。唐朝灭亡之后五十余年里，华夏大地呈现分裂的局面，此时北方由后梁、后唐、后晋、后汉、后周五个朝代先后统治黄河流域。南方各地则存在着吴、前蜀、吴越、楚、闽、南汉、荆南（南平）、后蜀、南唐、北汉等许多政权，这一时期历史上称为"五代十国"。

柴窑　这个时期最为有名的是后周世宗柴荣的柴窑。文献记载柴窑所产之器以天青色为主，因世宗柴荣诗"雨过天晴云破处，者般颜色作将来"之故，有"雨过天晴青"的美称。明代张应文《清秘藏》上记载柴窑之器"青如天，明如镜，薄如纸，声如磬"，可略知其制作精美。因其窑址至今未能发现，柴窑遂成为千古之谜！

秘色窑　越窑到了五代，其品质极优者成为吴越王钱氏的御用器皿，臣庶不得享用，因此当时又称为"秘色窑"，属于越窑青瓷中的上乘之品。

宋代时期

后周赵匡胤夺取政权，建立宋朝，定都开封，历史上称为北宋。宋代是我国陶瓷生产的鼎盛时期，"宋瓷"也成为闻名世界的华夏文化符号之一。以汝窑、官窑、哥窑、定窑、钧窑为代表的宋代五大名窑，器物形制优美，美学蕴含高雅凝重，不但远远超越前人成就，也一直为后世所赞颂和称道。

汝窑　汝窑窑址位于今河南省宝丰县大营镇清凉寺村一带，是北方著名的青瓷窑场，史载曾专为北宋宫廷烧制御用之器。汝窑器型简约洗练、釉色柔和，温润如玉，兼以当时南北各名窑装饰技法，或以造型独特为美，或以刻划装饰为异，形成汝窑独具一格的艺术风格。

官窑　北宋官窑是在宋大观及政和年间于都城汴梁所造，其釉色晶莹剔透，釉面开有大小不一的裂纹，其开片纹理或呈蟹爪，或呈冰片，又或呈梅花状，釉色以粉青为主，紫口铁足亦是其特色。

宋室南迁后在凤凰山下设立官窑，又称修内司官窑或内窑，后于郊坛设立郊坛下官窑。

哥窑　相传宋代浙江处州有章氏兄弟二人，哥哥章生一所烧者称为"哥窑"；弟弟章生二所烧者称为"弟窑"，又名龙泉窑或章窑。

哥窑主要特征是其釉面开有大小粗细不一的裂纹，这种裂痕是由于釉与胎收缩率大小的不同而形成，大而粗的纹线呈黑色，小而细的纹线呈黄褐色，纹线因其形态不同，被人们形象地称为鱼子纹、蟹爪纹、百圾碎等。其釉色有粉青、月白、炒米黄、油灰、青黄各色，釉中气泡大小不一，密如聚沫；胎呈黑褐、黑灰、深灰、浅灰、土黄各色，口缘釉薄处多显出一道褐色边，称为"紫口铁足"。

定窑　定窑窑址在今河北省曲阳县的灵山镇（古名定州，所以称定窑），是继唐代邢窑之后，生产白瓷质量最好、品质最高的窑场。

定窑又分北定、南定。北宋灭亡后，大批北方各窑工匠随宋室南迁，一部分定州窑工迁至今天江西景德镇，一部分则迁至江西吉州。在南方景德镇和吉州窑所生产的定瓷被人们称为南定，在景德镇生产的定瓷因其釉色似粉，又称粉定。定窑还有如柿子般颜色的红定、紫色的紫定、黑色的黑定等。

定窑一般常用的装饰手法有刻花、划花、印花、雕花等。其图案题材丰富，制作细腻精致，器物线条流畅，胎质坚细，釉色呈乳白或象牙色。器型以碗盘为多见，其胎薄而圆正，为避免烧制变形，多采用匣钵覆烧工艺，有的芒口器物出窑后再镶以金银为饰。

钧窑　钧窑窑址在今河南省禹州市（古代称为钧台，明代称钧州）。钧窑传世珍罕，世评其高。

钧窑始烧于唐代，历经宋、金至元代，胎质细腻，其窑变釉色巧夺天工、华丽悦目，素有"入窑一色，出窑万彩"之誉。其窑变釉色千变

万化，不胜枚举，有玫瑰紫、海棠红、茄皮紫、天蓝、胭脂、朱砂、火红等。钧窑器型也极为丰富多彩。

龙泉窑　龙泉窑釉色苍翠，北宋时多粉青色，南宋时呈葱青色，瓷釉厚润，装饰上主要以器物造型素雅为美，也见有刻花、划花、贴花、浮雕等工艺。例如，在盘、洗一类器物内底中心部位堆贴出双鱼图案，在瓶类立件器物的器身堆贴缠枝牡丹图案等。

宋代瓷业发达，除上述各窑外，山西平阳的平阳窑、陕西耀州的耀州窑、福建建安的建窑、江西吉州的吉州窑、河北磁县的磁州窑等南北各窑，也都烧制出了相当精美上乘的瓷器。

元代时期

这一时期我国制瓷业进入了新的重要的发展阶段，以景德镇成功大量烧制青花瓷器以及釉里红、霁蓝釉、枢府瓷等著名瓷器品种为代表，景德镇制瓷业逐渐呈现出一枝独秀、大放异彩的局面，为带动后来景德镇在明清两代瓷业大发展乃至日后成为天下瓷都的地位奠定了坚实的基础。

青花瓷　青花瓷器是在白瓷上用钴料画成图案后，罩施透明釉，入窑烧制而成。虽只用钴这种单一矿物为着色剂，但因窑工高超的绘画技艺和对窑温的熟练掌握，使成品的青花瓷器发色呈现丰富的浓淡和层次变化，极具中国传统水墨画的韵味和丰富多彩的艺术效果。青花瓷简朴而又华美，复杂而又统一，具有质朴、淳厚、典雅的特色，成为瓷器中的主要品种。

釉里红　釉里红制造工艺与青花瓷一样同属釉下彩绘。其以氧化铜为着色剂，在窑内还原气氛下烧成，因其色呈红色，故名釉里红，是元代在我国景德镇创烧成功的著名品种。釉里红瓷器的烧制也是瓷器生产里较难的一种，因窑温的不易掌控，成品发色往往不稳定，多见发色灰红或

暗褐者。元代釉里红器物产量不多，传世则更为稀少。

枢府瓷　元代景德镇为朝廷枢密院所烧制的著名官窑器物，其制作精美，工艺水平上乘，釉色卵白，刻划纹饰丰富多彩，纹饰中常有浅浮雕"枢府"二字，因而又称枢府窑。

明代时期

明代，我国制瓷业的发展进入一个新的阶段。这时景德镇已成为我国最主要的窑场聚集地，规模空前，延续明清两代而至今，历五六百年而长盛不衰。时人描写当时景德镇的盛况，有"昼间白烟掩空，夜间红焰烧天"之句。

明代永乐宣德时期，进口苏麻离青钴料的使用，使这一时期的青花瓷生产大放异彩，其绘画呈现的艺术修养也很高。画者或利用青料的散晕，以没骨花卉的笔法，打造中国传统水墨画的韵味；或在线条表现上以浓淡不一的笔法，打造灵动的变化，使画面显得更为生动。元代以来受伊斯兰教文化的影响，此时的瓷器绘画有了新的、更为丰富的图案素材，加上中国绘画技法在瓷器绘画上的成熟运用，画面布局或舒朗有致，或繁密饱满，纹饰内容题材丰富。这个时期景德镇青花瓷器的生产出现了宋代以后的第一次艺术高峰。

至成化、正德时期，进口苏麻离青已告罄，改用平等青为主要色料，其色淡，比不上苏青的浓郁，更欠水墨晕散效果。绘画技法侧重向工笔细致的方向发展，绘画手法力求精练，细描匀染，器物追求瓷细胎薄，成化斗彩器物成为这个时期最为著名的瓷器品种。

嘉靖、万历年间，回青料的使用和对瓷器装饰色彩浓艳而强烈对比的追求，使得这一时期用五彩装饰瓷器成为主流，这也为后来彩瓷的发展奠定了基础，甚至日本伊万里瓷也是根据我国这

一时期的五彩和斗彩发展而来。此时，有红地黄彩、蓝地黄彩、红地青花、黄地青花五彩、描红等各式彩瓷，集前代各窑之大成，图案纹饰更是千变万化。嘉万五彩也因此成为我国明代晚期的著名品种。

有明一代，无论官窑或民窑都趋向于彩绘瓷器。元代以前主要以单色釉为主，而进入明代以后，我国的瓷器生产仿佛走入了彩绘世界，三彩、青花五彩、斗彩、各种色釉彩器等彩瓷交相辉映、争奇斗艳。同时，瓷器上从明初宣德时期开始盛行落款，官民窑纪年款、堂号款、人名款、变体文字款、图案花押款皆有，为后世人们研究瓷器落款提供了丰富的素材。

清代时期

到了清代，由于数千年瓷器烧制经验的积累，加之景德镇制瓷所需各种优质天然原材料的丰富储备、朝廷派驻景德镇御窑厂督陶官督理陶务的专业管理，以及康熙、雍正、乾隆三位帝王对瓷器的喜好，使得清初三代的瓷器制作技术更臻卓越，器物形制千变万化，釉色丰富多彩，绘画装饰精细华美。清代是悠久的中国陶瓷史上最为光辉灿烂的一页。

清代陶瓷生产，除以景德镇生产官窑的御窑厂为中心外，景德镇其余各民窑以及全国各地民窑都极为昌盛兴隆，陶瓷作为商品大量销至世界各地。又因西风东渐，西洋制瓷原料及技术的传入，使我国陶瓷业品种更为丰富而多彩多姿。这一时期，福建德化窑所产白瓷器物，釉色牙白而带剔透之感，所制人物、佛像、动物等瓷塑艺术品，制作精益求精，艺术创作上达到很高的水平。清代中期以后，因陶瓷出口外销而得到长足发展的广东广彩瓷器，其绘画题材丰富，釉彩艳丽多姿，亦深受国内外陶瓷爱好者的推崇与喜爱。

粉彩 有清一代，以雍正时期粉彩瓷器成就最高。粉彩主要特征是所用色料柔和粉腻，用于彩瓷绘画易于表现所绘之物的厚薄浓淡，因其用料质地绵柔，故又称"软彩"；采用白粉（玻璃白）扑底成立体状再加以色料调画，染成浓淡不一、层次分明的效果，或清新透彻，或温润平实，能比较完美地表现中国传统画意趣及丰富的装饰性。

珐琅彩 乾隆时期继承前清两朝风气，瓷器器物或秀丽精巧，或磅礴大气，尤其唐英督陶期间，不惜成本，大胆创新，综合运用各种工艺技法于陶瓷之上，又以瓷器仿制其他各种材质的仿生器皿极具特色。乾隆一朝瓷器生产品种繁多，式样千变万化，成器千姿百态。这一时期在彩绘上所取得的最大成就是珐琅彩器物，因其最早采用西方进口的珐琅颜料烧制，所以也称"洋彩"。国产珐琅彩料研制成功后，所选用的材料精益求精，色泽晶莹剔透，质地凝厚肥腻，用作瓷器绘画装饰，纹饰微有凸堆之感。当时景德镇御窑厂拣选最优质的素烧瓷器皿运至北京宫廷内苑，宫廷画家以彩料绘成后即在大内烧制，因属皇宫内廷秘珍之物，所以绘画技法极为精细，以华美艳丽的宫廷绘画风格为主要特征。

紫砂 宜兴紫砂闻名天下，至清代产量更大，名家辈出，除宜兴壶的制造外，日常各式用品如碗盘、花瓶、花盆等都有，保持胎泥本色，古意盎然，各种色陶也都具有创意。

织金 "织金"就是用金线勾边再填彩，相当有特色，采用景德镇所产白胚器运至广州加彩出口，一直延传到今天。

黑瓷 其指山东博山的黑瓷，是一种北方农家流行的生活用品。

石湾陶塑 广东石湾窑所塑造人物、动物等陶质雕塑作品形态写实，栩栩如生。其所塑人物姿态表情生动又富有生活趣味，釉色亦丰富多彩，素为藏家所珍。

清代中叶至新中国成立前

乾隆以后，从嘉庆开始直到新中国成立前夕，即从19世纪中叶开始到20世纪40年代末，特别是鸦片战争（1840年）以后，中国社会发生了巨大变化，统治阶级的日益腐朽和外国资本主义的步步入侵，使中国沦为半殖民地半封建社会，中国陶瓷业由停滞而趋向衰落。

在这个时期，中国瓷器在国际贸易上的地位每况愈下，以产瓷著称的中国，反成为大量洋瓷倾销的市场。虽然国瓷还能以传统的特色与洋瓷争一日之长，但数量已大为减少，其衰落的趋势是当时诸多的内忧外患社会现实所决定的，不可避免。到中日甲午战争以后，由于资本主义势力的扩张和清政府的腐朽，中国陶瓷业在国内外市场上节节败退，濒临绝境。

尽管如此，中国的陶瓷业仍然顽强地生存了下来。在清末，一些民族工商业者在清政府提倡的"振兴实业"的口号下，对中国陶瓷手工业进行了一系列改革尝试，并在此期间创办了一批新式瓷厂。

第一次世界大战前后，欧美帝国主义国家忙于战争掠夺，暂时缓和了对中国的侵略与压迫，中国的民族工业稍得喘息，民族工业的新式瓷厂这时也有了一定程度的发展。

民国中前期，中华大地军阀割据，战乱不已，加之1937年日本发动全面侵华战争，中华民族面临生死存亡的危急关头，此时我国的陶瓷工业日渐萧条、衰退。至1949年前夕，中国的陶瓷工业已奄奄一息，如景德镇在抗日战争前产量达19954万件，战时下降为300万件，1947年仅为2万件；瓷窑抗战前达150余座，1947年仅剩76座。江苏宜兴从事紫砂陶业生产的从业人员，从最兴盛时期的1000余人，至1949年前夕只剩下20几人。中国陶瓷工业主要处于家庭手工业或手工业作坊状态，而且多数因产品销售不畅、资金短缺而倒闭，工匠星散。而同时期的欧洲和日本却借其新兴资本主义的势力和产业革命所带来的新技术，其陶瓷生产无论产量还是质量都有长足进步。

新中国成立初期

新中国成立后，国家通过没收官僚资本，改造资本主义工商业和个体手工业，我国陶瓷业获得了迅速的恢复和发展，建立了社会主义的陶瓷工业体系。在1952年，景德镇陶瓷总产量已达398501担，比1949年增长了44%；其产品销售遍及全国各地，并已恢复对马来西亚、新加坡等国家的出口。湖南醴陵产区至1952年时，产量已达4600万件，比1949年增长了211%。广东石湾地区发展更快，1952年产量比1949年增长10倍。其他如河北唐山、江苏宜兴、山东淄博等地的生产均有较大幅度的增长。

1952年的统计数据显示，全国陶器产量约近8亿件，已接近了抗日战争前的生产水平。到了1957年，景德镇陶瓷职工人数已达28000余人，年产量达2.75亿件；湖南醴陵产量增至1.1亿件。1957年，当年全国的日用陶瓷总产量已逾20亿件，比1952年增加一倍多，超过了1936年的历史最高水平，出口陶瓷上升到1.33亿件。

"文化大革命"时期

"文化大革命"时期的瓷器又叫"文革瓷"，也叫"主席瓷"，它基于两件史实：①20世纪50年代末，湖南醴陵烧制了一批供毛主席专用生活瓷，如杯盘碗盏、文房器具等，底足内落有"湖南醴陵"楷书款字。②江西景德镇烧制的"7501"工程即"中南海瓷"，也是供毛主席专用。1974年初，湖南、山东、江西三大名瓷产地受中央委托为毛主席烧制瓷器，最后景德镇被选中，1975年元月投入生产。因为特殊订制，数量不多，这两批瓷器都被称为"红色官窑""主席用瓷"，在今天的收藏界炙手可热。但"文革瓷"不仅仅是主席个人用瓷，当时把杯盘碗瓶筒等瓷器当作宣传品，大量绘制毛主席像和"文化大革命"宣传画，以及直接仿书毛体书法语录，使瓷器图像有如大字报宣传栏，其艺术表现以突出政治宣传为主，与传统瓷器的雅美相比去之千里，在中国几千年瓷器史上是一个闻所未闻的特例。虽然在艺术上无甚可取，但却也因物以稀为贵而成收藏界的新宠。在那个年代，几十亿枚毛泽东瓷像章与几百万尊主席瓷雕像，从广义上说也是"文革瓷"的重要构成部分。

战汉陶器

战汉时期用泥土为坯胎、经入窑烧制的器物，主要是各种饮食器、贮藏器等容器，也包括其他生活用具，以及专为随葬而制作的冥器。因年代和地区的差异，器物的种类形态、制法、纹饰及烧成温度等都有所不同。其大体上可分灰陶、硬陶、釉陶和青瓷四大类。

特别是两汉前后延续了近五百年，是中国历史上的一个重要时期；正是在两汉期间，中国完成了从青铜时代向铁器时代的完全过渡，同时也完成了奴隶社会向封建社会的最终过渡。

汉代陶艺最高成就是铅釉陶的生产。我国带釉陶器早在商周时期即已发现，但生产量很少。西汉宣帝以后，釉陶器物在关中、河南等地较多出现，东汉后普及全国，数量大增，成为汉代一个非常重要的陶器品种。汉代铅釉陶的大量成功烧制，不仅是汉代陶器的一大成就和特点，开创了我国低温釉陶生产之先河，而且对我国汉以后陶器生产影响深远，唐代的三彩陶、宋明的琉璃釉陶均从中发展而来。

汉代陶马（一对）　俯首：长50cm，高31cm；仰首：高57cm，长51cm

汉代陶马　高100cm，长110cm

东汉绿釉陶圆壶　高50.5cm，腹径40cm

东汉绿釉陶圆壶　高33.5cm，腹径27cm

从中国陶瓷发展史来说，两汉时期正值原始青瓷向成熟青瓷过渡的时期，至两晋时，原始青瓷已基本遭淘汰而完成了历史性的转变。西周至汉早期制瓷业并无飞跃发展，恐与当时的社会背景有关：王公贵族风行使用精细的金银器或青铜制品，而一般社会大众则多用竹木器或陶器。到了汉代制瓷业有很大的发展，当时东南一带窑场密布，陶车拉胚成型替代了泥条盘筑法，使瓷胚制作更加精细。釉料也有了大的改进，釉层明显加厚，光泽强，玻化好，胎釉结合紧密。

原始青瓷，是相对于成熟期瓷器而言的。它是商周时期所出现的，以瓷石为制胎原料所制作的具有较低吸水性的带釉陶瓷产品。原始瓷器和白陶器与印纹硬陶器相比，有坚硬耐用、器表有釉不易污染及美观等优点。

原始瓷器的制造技术是在制陶技术的基础上发展而来的。在河南郑州等地商代遗址发现了很多带釉的瓷尊、瓷罍和瓷罐等，以及这些器物的碎片，胎骨细腻坚硬，烧成温度当在1000℃以上，叩之有金属声。在山西夏县东下冯遗址出土的一批原始青瓷片，属距今4000余年前的龙山文化晚期。在此大量出土的青釉瓷可断定我国至迟在商代中期就已发明了瓷器。当时的青釉瓷生产以长江中下游较为发达，釉色多呈青黄，在氧化焰中烧成。中原地区的青釉瓷，釉色多呈青绿，在还原焰中烧成。这些原始瓷以高岭土作胎，烧制温度高达1100～1200℃，表层在高温下烧成与胎体结合很牢的玻璃釉质，胎质坚硬细腻，吸水性很弱，叩之有金属声。其因工艺原始，故被称为"原始瓷"或"原始青瓷"。器型有尊、豆、罐、瓮、钵等。

汉代黄釉陶鼎　高19cm

东汉黄釉陶枭形壶　高26cm，腹径22cm

三国两晋南北朝时期从220年至589年，是中国历史上一个大动荡时期。369年间经历了三国鼎立、五胡乱华、十六国倾轧，中华大地狼烟四起，战乱频仍。总体上来讲，此时的瓷业发展处于一个相对停顿的状态，但却是我国瓷器成熟后的第一个重要发展阶段。这期间，制瓷工匠们对胎釉原料的选用、成型、施釉方法、窑炉结构和装烧技术等方面进行了一系列的改进和革新，使瓷器的生产由初级阶段发展到高级阶段。此时，每出现一种新事物，都会把瓷器的生产推向一个新的高峰，并对以后的陶瓷生产产生重大的影响。

常见的器型有碗、盘、钵、盆、耳杯、盘口壶、鸡头壶、羊头壶、狮头壶、虎头壶、扁壶、方壶、槅、辟邪水注、蛙形水盂、砚台、香薰、谷仓罐、虎子等。器型造型设计以考虑实用为主，如盘口壶，三国时期的盘口和底都很小，上腹特别鼓出，重心在上，不平稳，倾倒食物也不方便；西晋以后则颈部加长，上腹鼓出比较缓慢，下腹适当加长，平底也比较宽，重心向下，使用省力。唾盂和罐类也均有这个趋势。凡三国西晋时的碗类多宽腹平底，腹体很浅；东晋南朝的则腹体加高，弧度变缓，底安圆饼状足。槅，三国西晋多作方形方格，东晋南朝的变成圆形。蛙形水盂，东晋以后减少以至消失。鸡头壶由钵形变成加曲柄而瘦长的盘口壶形。谷仓罐，西晋以后中罐做成大口，四小罐被楼台、亭阙和各种堆塑形象所淹没，只占很次要的地位。盖和罐体结合塑出层层楼台亭阙、守卫、佛像、乐队、杂耍人物、飞禽走兽、水生动物，象征豪强地主的权势和财富。

北方烧瓷较晚，已发现的窑址都是北朝时期的，如山东淄博、枣庄，河北临城和内丘均有窑址发现。瓷器以青瓷为主，黑瓷次之，并发明了白瓷；主要器型有碗、盘、杯、罐、壶、瓶、盒、莲花尊等，多为生活用具，供器很少。北朝瓷器胎体厚重坚硬，釉层凝厚，在装饰和造型上反映佛教思想的内容比较多。

三国青釉球形镂空鸟钮薰　高20cm，直径16.5cm

西晋青釉谷仓罐（一对）　高42cm，腹径22.5cm

东晋青釉卧羊器座（一对）　高24.5cm，长26.4cm，宽14.8cm

南北朝洪州窑铺首盖尊　　高22cm，腹径20cm

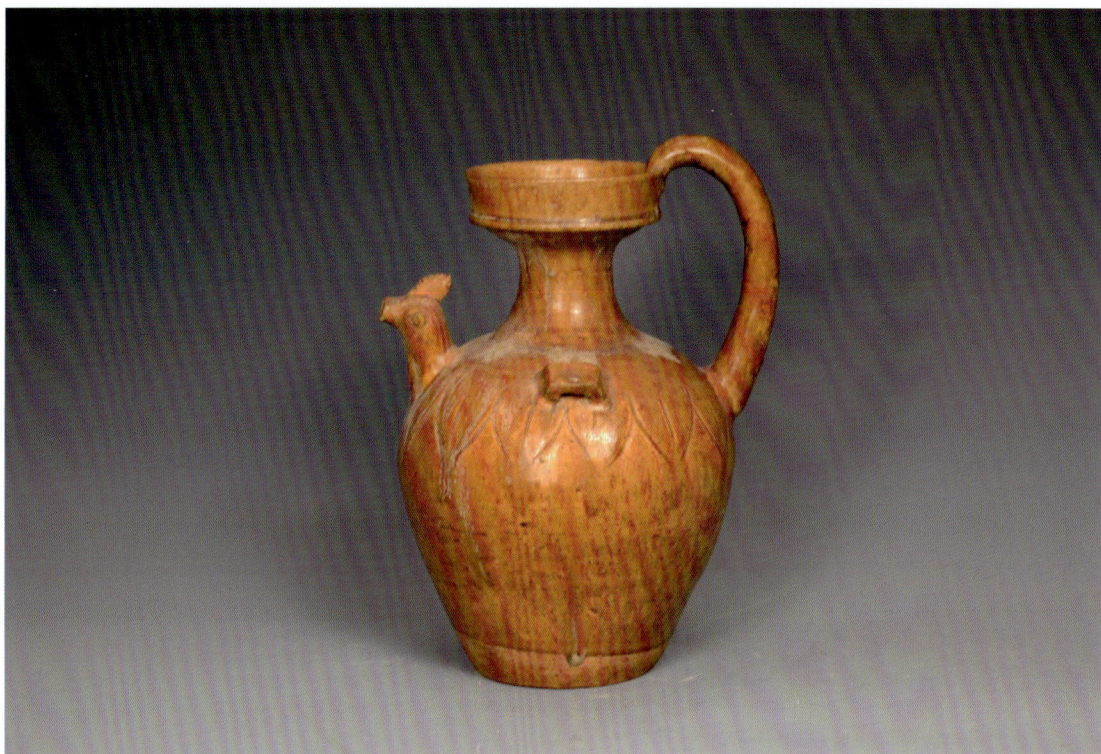

南北朝黄釉鸡首壶　　高27.5cm，腹径21cm

六朝越窑系黄釉莲花盖尊　高32.2cm，腹径27cm

隋唐五代瓷器

隋唐五代时期是我国瓷器史上承前启后的时期，此时形成了"南青北白"的格局，即南方以生产青瓷为主，北方以生产白瓷为主。青瓷以越窑的品质最优，白瓷则以邢窑的产品为高。

这一时期瓷器最重要的一个发展是窑工们开始普遍采用"匣钵"装烧器物，并由此促使瓷器的造型和品质发生了质的飞跃。首先，胎体由厚重趋向于轻薄；其次，器足由平底转变为玉璧形底和圈足。因为瓷器受到匣钵保护，釉面不再受到烟熏火燎的污染，故而釉色纯净可人，同精巧优美的造型相得益彰。

瓷器史上著名的珍品秘色瓷、绞胎瓷、花釉瓷等皆于这一时期出现。长沙窑普遍采用高温烧制的釉下彩、釉上彩等新技术。该时期也出现了大规模的瓷器外销现象。

隋代瓷器：目前发现有湘阴窑、淮南窑、安阳窑。安阳窑应该就是北朝时期的相州窑。隋代瓷器分为青釉和白釉瓷器两大类，应该还有黑釉瓷器，由于隋代存在时间较短，目前科学考古发掘的墓葬数量少，还无法从出土文物中予以准确分别。隋代瓷器多见采用印花装饰，釉只施半截，下半截露胎，这是隋代瓷器的一般规律。常见的印花纹饰有条花、草叶、莲瓣、几何纹等，少见连续的纹饰。

唐代瓷器：南方继续流行青瓷，北方流行白瓷。独树一帜的还有湖南长沙的长沙窑，属于青釉釉下彩彩绘瓷器；河南的鲁山窑，以黑釉花瓷闻名；邢窑是唐代著名的瓷窑，距今已有1500余年的历史，是中国北方最早烧制白瓷的窑场之一，在唐代有着"北白"之称。越窑，时称"南青"，是中国古代南方最为著名的青瓷窑，窑址所在地主要在今浙江省上虞、余姚、慈溪、宁波等地，因这一带古属越州，故名越窑。其生产年代自东汉至宋，唐代越窑工艺精湛，居全国之冠。

五代瓷：五代十国时期，国家动乱，诸侯割据。战乱不堪的六十年里，北方邢窑逐渐衰落，定窑兴起。南方，吴越国继续大量烧制秘色瓷器，越窑进入了历史最高峰。

绞釉盖罐　高30.5cm

唐三彩点钴蓝斑仕女　高42.5cm

唐三彩仕女人物螭龙尊　高31.3cm，腹径22cm

唐三彩花卉纹盘　高2.5cm，直径30cm

五代越窑青釉莲瓣纹托盏
高14.5cm，直径17.5cm

　　宋代是传统制瓷工艺发展史上一个繁荣昌盛的时期。现已发现的古代陶瓷遗址分布于全国170个县，其中有宋代窑址的就有130个县。

　　陶瓷史家通常将宋代陶瓷窑大致概括为六个瓷窑系：北方地区的定窑系、耀州窑系、钧窑系和磁州窑系，南方地区的龙泉窑系和景德镇窑系。这些窑系一方面具备因受其所在地区使用原材料的影响而具有的特殊性，另一方面又有受帝国时代的政治理念、文化习俗、工艺水平制约而具有的共同性。

　　从胎釉上看，宋北方窑系的瓷胎以灰或浅灰色为主，釉色却各有千秋。例如，定窑瓷，其图案工整，严谨清晰的印花让人叹为观止；耀州窑瓷，其犀利潇洒的刻花给人们以流动的韵律美；钧窑的窑变釉色，喻为海棠红、玫瑰紫，灿如晚霞，变化无穷，如行云流水；汝窑釉色清雅含蓄，釉质莹润，积堆如凝脂；磁州窑创造的白地黑绘形式，首开以彩绘装饰瓷器之先河。南方窑系的胎质则以白或浅灰白居多，如景德镇窑的青白瓷色质如玉、碧如湖水；龙泉窑青瓷翠绿莹亮如梅子青青；哥窑的青瓷其釉面所开断纹，如丝成网，美哉天成，是一种独特的缺陷美。宋人追求釉色之美，追求釉质之美，在制瓷工艺上达到了一个新的美学境界。

　　宋瓷的器型较之前代更为丰富多彩，几乎包括了人们日常生活用器的大部分：碗、盘、壶、罐、盒、炉、枕、砚与水注等。其中最为多见的器型是玉壶春瓶与梅瓶。总的说来，民间用瓷大部分大方朴实、经济耐用，而宫廷用瓷则端庄典雅、雍容华贵。最能反映皇家气派的是汝窑、官窑、哥窑、定窑与钧窑烧制的贡瓷，最能体现百姓喜乐的是磁州窑、耀州窑、吉州窑烧制的民间瓷品，茶器则首推建窑。

汝窑天青釉模印龙纹卧足碗　直径21.5cm

汝窑天青釉盏托　高4.3cm，直径7.5cm

官窑天蓝釉碗
高7.5cm，直径17.6cm

定窑白釉划花执壶
高23.5cm

哥窑洗　高7cm，直径22.7cm

哥窑月白釉五足洗　直径17.5cm

定窑刻划莲纹双龙耳盖尊　高21cm

溪口龙泉官窑梅子青釉四兽首足塔式香薰　高22.5cm

定窑黑釉弦纹凤首胆式瓶　　高32.8cm

定窑黑釉军持　　高36.7cm

湖田窑影青釉花口瓶　高16.5cm

钧窑天蓝釉盘　直径17cm

钧窑窑变釉玫瑰紫折沿盘　直径29.5cm

龙泉窑鬲式炉　高9.5cm

龙泉窑莲瓣纹盖碗　高11cm，直径15cm

湖田窑影青釉覆仰莲瓣纹豆式托杯　高19.8cm

湖田窑影青釉刻划缠枝莲纹梅瓶　　高31cm

湖田窑缠枝花卉梅瓶　　高35.5cm

湖田窑影青釉刻莲花纹兽纽托壶　　高29.7cm

耀州窑荷叶水滴
直径16cm

龙泉窑三鱼纹洗
高6.8cm，直径39cm

湖田窑影青釉娃娃枕　长18.2cm，宽10cm，高12.5cm

龙泉窑四出戟花觚　高17.5cm

湖田窑影青釉卧姿观音　高16cm，长17.2cm

湖田窑影青釉珍珠地模印花卉如意耳八棱瓶　高27.5cm

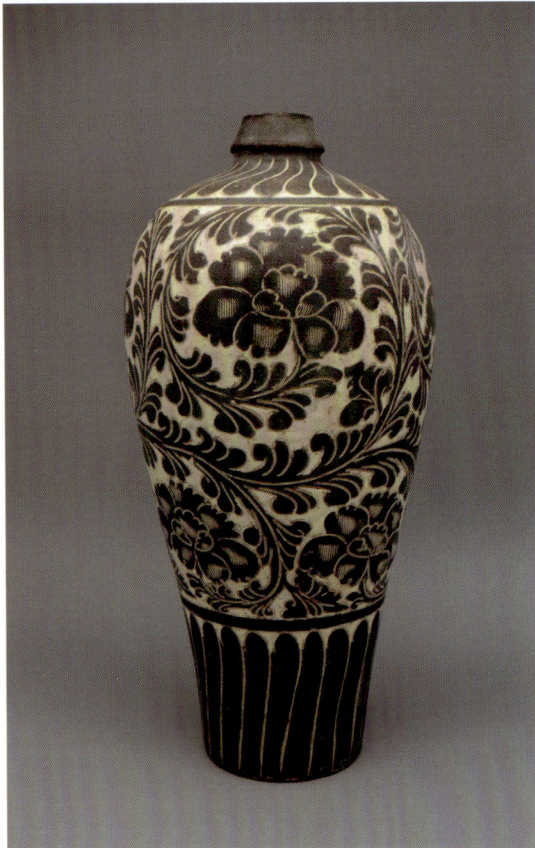

磁州窑黑釉剔花缠枝莲纹梅瓶　　高36cm

湖田窑影青釉点褐斑执莲观音　　高14.5cm

磁州窑诗文枕　　长25.3cm，宽16.3cm

龙泉窑粉青釉双鱼洗　高4.6cm，直径19.4cm

汝窑天青釉水仙盆　高7.8cm，长23.2cm，宽17cm

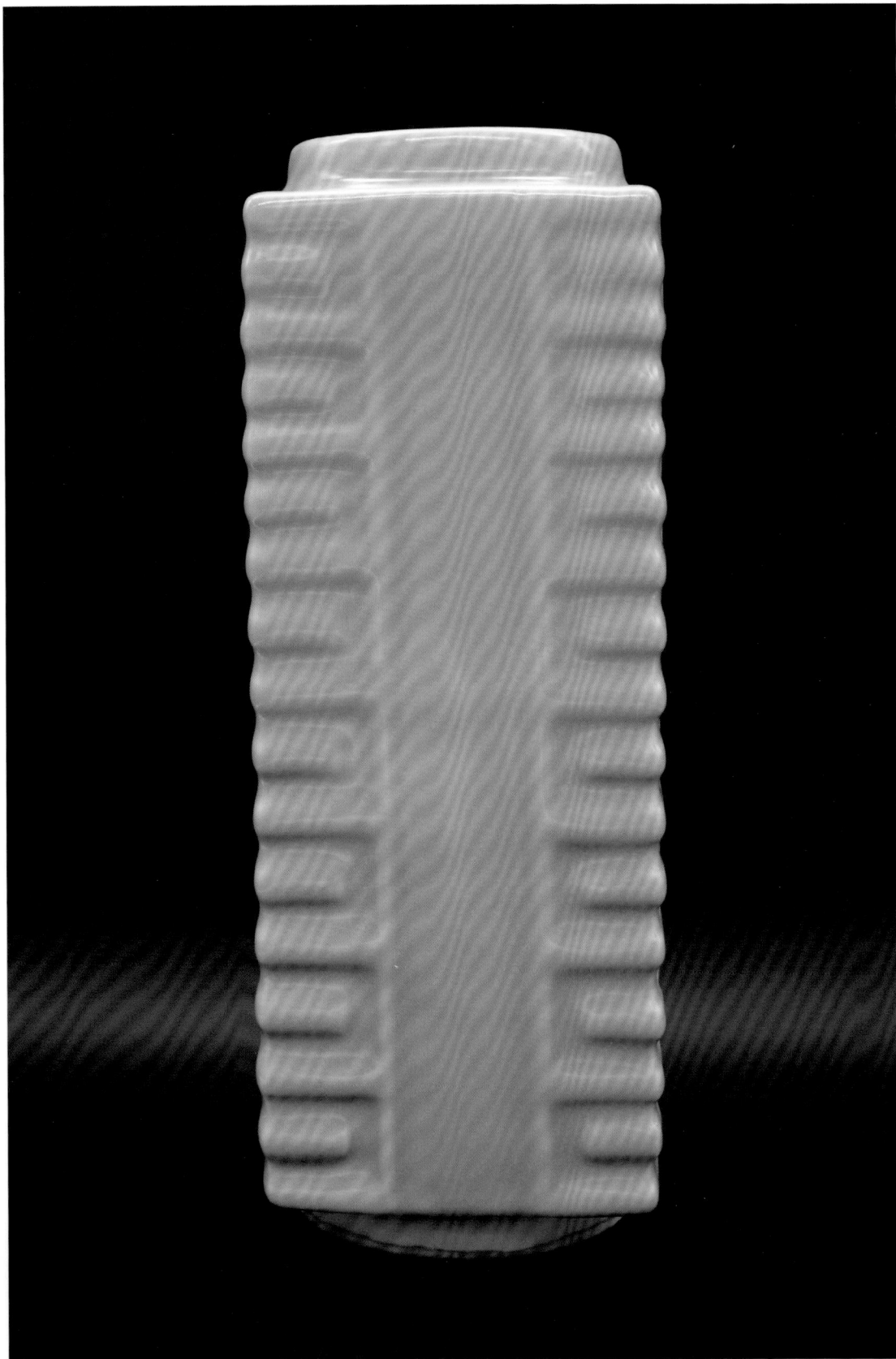

龙泉窑粉青釉琮式瓶　高31cm

龙泉窑盘口长颈统纹瓶　高19.8cm

龙泉窑盘口长颈统纹瓶　高21.9cm

龙泉窑粉青釉贯耳瓶　高21.5cm

龙泉窑花觚
高18.3cm

龙泉窑粉青釉五管洗　高5.3cm，直径17.5cm

龙泉窑梅子青釉葫芦瓶　高25cm

龙泉窑粉青釉弦纹模印缠枝花卉纹瓶（一对）　高24.6cm

官窑月白釉三足花口洗　高8.5cm，直径21.8cm

龙泉窑粉青釉模印龙纹折沿莲瓣洗　直径35.4cm

吉州窑黑釉褐彩花鸟纹梅瓶　高26cm

吉州窑剪纸贴花圆圈纹盏
高6.2cm，直径11cm

溪口龙泉官窑鱼耳炉
高7.5cm，直径14.5cm

吉州窑褐彩绘婴戏纹枕　长32.2cm

吉州窑剪纸贴花三鱼纹盏　　直径15.7cm

吉州窑木叶釉荷叶盖罐　　高29cm

官窑贯耳汉壶尊　高23cm

定窑白釉莲托鸭薰　高28.5cm

耀州窑刻划孔雀纹观音瓶　高31.5cm

耀州窑刻划荷莲鱼纹长颈瓶　高24.7cm

建窑四方倭角兔毫盏　高7.3cm，直径11.7cm

建窑窑变釉盏　直径12.5cm

紫定五管尊　高9cm

元代瓷器

元代瓷器明显具有蒙古草原民族的独特风格,在瓷器器物器型上创烧了许多蒙古族特有的器物类型。这一时期创烧的单色釉也比前代精美。朝廷在景德镇设立全国唯一的瓷器官方管理机构"浮梁瓷局"管理瓷器烧造。此时对外贸易兴盛、中西文化交流频繁,开始烧造大量外销瓷,青花瓷大多数外销到中东众多伊斯兰国家。在创烧众多新品种的同时,元代瓷器继承和发展了宋代各窑的生产工艺,釉色肥厚圆润,器型硕壮大气,很多地方都较明显地吸收了汉文化特点。

单色釉瓷

青白瓷:青白瓷是宋代景德镇主要品种。元代继续烧造,但胎、釉、造型、装饰方法等和宋代有所不同。元代青白瓷的胚子很白,坚致,细密,胎体较厚;施釉略厚,白中透青,不透明,除部分光素无纹以外,也有用刻、划、印、堆塑、点彩、镂雕等方法装饰的。常见纹饰有云龙、卷枝、卷草、牡丹、莲瓣等;或在盘和碗内心凸印朵花。堆塑常用于器盖或器身的装饰。元代青白瓷器型较多,除日常用的盘、碗、高足杯、瓶、罐、炉以外,还有一些新器型如葫芦形的执壶、扁执壶、多穆壶、匜、砚滴、笔山等。体形通常厚重饱满,瓶、罐等器下腹和胫清瘦,盘、碗体大而圈足小,有头重脚轻的感觉。

蓝釉瓷:元代景德镇创烧的新品种,是以钴蓝为着色剂,经高温一次烧成的。元代蓝釉瓷有的光素无纹,有的饰有刻白纹饰,有的则绘以金彩装饰。

红釉瓷:元代景德镇创新品种,是以铜红为着色剂,经高温在还原气氛中烧成的。由于铜红的烧成技术比钴蓝还要难以掌握,因此成品合格率很低。元大都遗址有少量出土,但只有盘、碗、印盒等小件器物。

枢府瓷

枢府瓷又称枢府釉瓷，景德镇窑宋代始烧。枢府瓷是指元代最高军事机关枢密院在景德镇订烧的卵白釉瓷器，其器物在印花纹饰间印有对称的浅浮雕"枢府"二字款，因而得名。这种卵白釉色瓷在当时极负盛名，深受元代贵族士大夫的青睐。

釉下彩绘瓷

青花：青花是用钴料在白色胚胎上绘纹饰后罩透明釉，在还原气氛中经高温一次烧出的白地蓝花瓷器。常见器物有把杯、碗、盘、匜、香炉、小罐、蒜头瓶、玉壶春瓶等，多为日常生活用品，属民用瓷；还有一类青花瓷器，以大件器物为多。元代青花瓷的共同特点是大器者胎体厚重，小件轻薄；胎色洁白致密，透明釉白中闪青，青花颜色浓艳鲜亮，色浓处有黑褐色斑点，纹饰层次多，有的甚至多达十来层，但繁而不乱，层与层之间留有空白，器底端两层之间无空白，常见在缠枝菊、蕉叶、缠枝莲、缠枝牡丹之间夹杂云凤、云龙、杂宝、海水江崖等图案。这个时期，景德镇已开始大量将进口苏麻离青钴料用于瓷器的绘画。其青花发色浓艳亮丽，因苏青料富含铁之故，成品青花笔道深浓之处，呈微泛银光的铁锈斑状。

釉里红：釉里红是用氧化铜在胚胎上绘画纹饰后罩透明釉，在还原气氛中一次高温烧出的白地红花瓷器。元代釉里红瓷与元青花瓷一样，具有胎质细密、坚致、洁白，釉色白中闪青，非常光润的特点。纹饰多见缠枝菊、牡丹、莲花、云龙、云凤、云鹤、孔雀、芦雁、人物故事等，边饰多为变体莲瓣、云肩、灵芝云、蕉叶、回纹、弦纹等。器型多为大罐、高足杯、匜、玉壶春瓶、塔式罐、谷仓、大盘、碗、瓷雕人物等。

钧窑

元代河南禹县继续烧造钧瓷，和宋、金不同的是元钧瓷的胎体更厚，显得较为粗糙、疏松，有砂粒及砂眼，胚子颜色深灰或土黄。胎釉结合不如宋钧瓷紧密，釉面亦略粗，有大气泡和棕眼。颜色一般是浅淡的月白色或蓝灰色，个别器物上有紫红色彩斑，是人工有意涂抹而不是釉中所含铜元素在高温中的自然晕散。釉厚，自然垂流不到底，底足无釉，露深黄色或浅褐色胎。元钧瓷一般光素无纹之器多见，炉、罐、瓶等立器有的模印贴花或堆塑纹饰，由于釉厚，纹饰模糊不清。元钧瓷常见有盘、碗、罐、炉、瓶、盆等。

龙泉窑

元代龙泉窑的生产规模比宋代扩大了四五倍，产量很高，除了民用，主要用于外销。元代龙泉窑瓷器的胎质比宋代的要粗厚但仍很坚致，白中闪灰，施釉厚，釉面不如南宋时润泽，但很光亮，有很强的玻璃质感，呈黄绿色或葱绿色。其主要装饰方法是划、印、贴、堆塑、镂空、点彩等。贴花分有釉、无釉两种，多在碗、盘、洗的内心贴双鱼、小兔、荔枝、飞龙等，无釉露胎器是元代新创品种。器物装饰常见纹饰有折枝花、荔枝、莲花、月影梅、秋葵、灵芝、牵牛花、松竹梅；这时期新添纹饰有四如意、八吉祥、八仙、银锭、杂宝、山水等，还大量出现文字，因釉厚之故，纹饰不很清晰。元龙泉器型有盘、碗、罐、炉、执壶、洗、瓶、尊、高足杯、高足碗及人物塑像等。

磁州窑

元代磁州窑瓷器的胎体厚重，略显粗糙，多灰黄色，施白色化妆土，釉色白中闪灰黄，有的欠精细光润，黑彩多闪黄褐色。装饰以素白瓷、白釉黑花为主。宋代出现的在黑彩上划纹饰的装饰方法，元代也有，一般用在鱼、龙身上划鳞片或在雁、凤身上划羽毛；也有黑釉铁锈花、白釉黑花瓷上又罩低温孔雀蓝釉的。白釉绘黑花瓷器纹饰常见的有龙凤、云雁、鱼藻、卷云、花卉、婴戏、人物故事、花鸟、诗句等。元代磁州窑瓷器的器型较大，多碗、盘、罐、瓶、枕、盆、扁壶、玉壶春瓶、高足碗等。

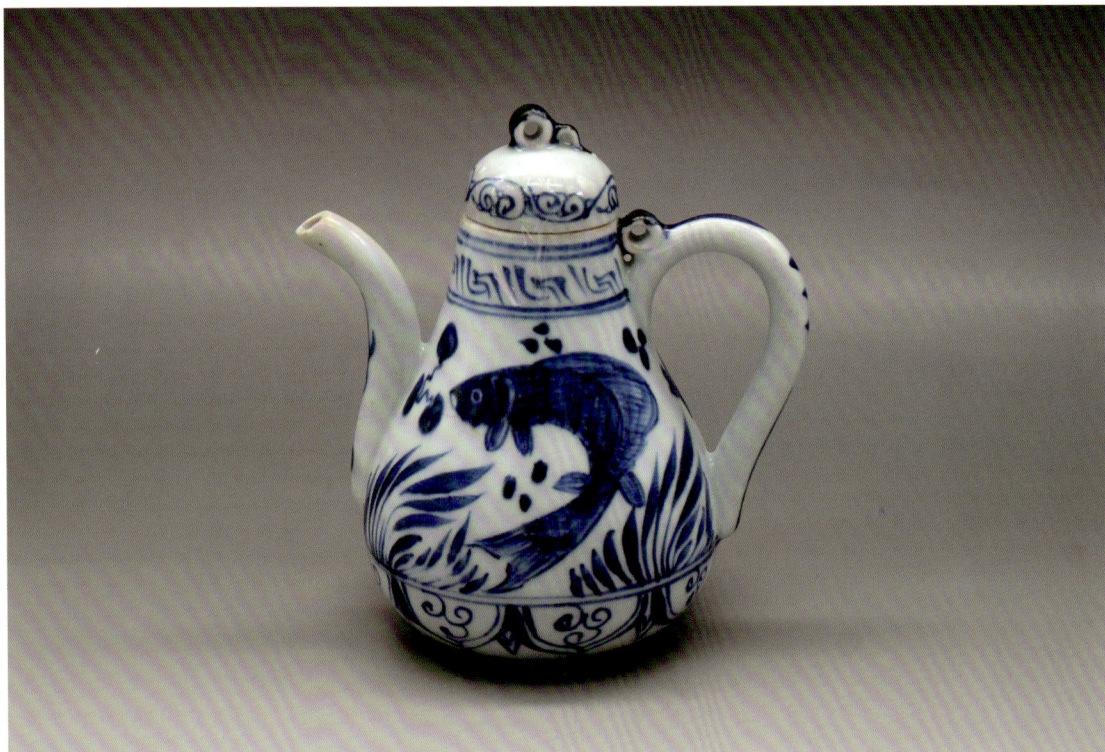

青花鱼藻纹梨式壶　高13.5cm

青花凤纹螭龙耳扁壶　高9.8cm

青花龙纹高足杯　高10cm

祭蓝釉堆白八思巴文三供　瓶高18cm，炉高8.7cm

青花高士图梅瓶　高43cm

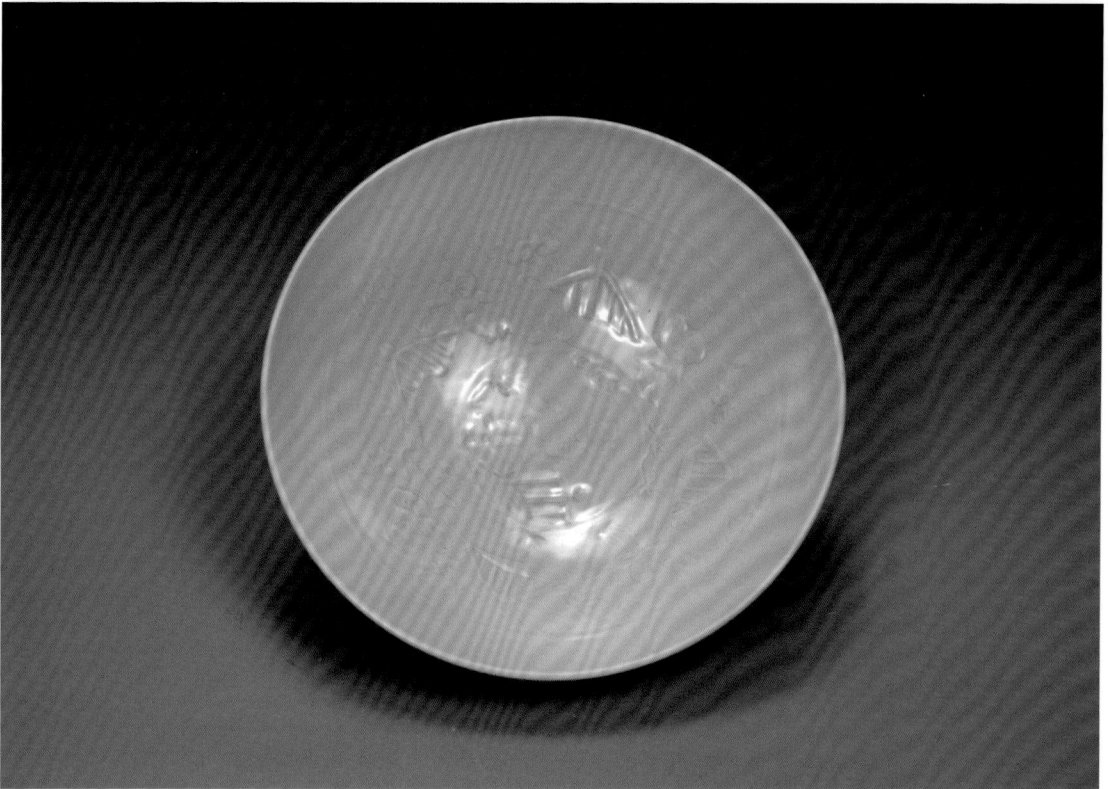

枢府款婴戏图碗　高7.7cm，直径19.5cm

釉里红龙纹象耳瓶　高36cm

青花花虫纹象耳尊　高17cm

釉里红转心杯　高8.7cm，口径7.7cm

青花凤纹小瓶　高12cm

青花龙纹小瓶　高12cm

宋代以来，大江南北成百上千窑口百花争艳的态势经由元代过渡之后，到明代几乎变成了由景德镇各瓷窑一统天下的局面。

以青花为例，洪武时期青花色泽偏于黑、暗，纹饰上改变了元代层次较多、花纹繁满的风格，趋向清淡，多留空白地。永宣时期青花以其胎釉精细、青色浓艳、造型多样和纹饰优美而久负盛名，其所用青料多为进口的苏麻离青料。成化、弘治、正德青花胎薄釉白，青色淡雅，其青料多为国产的平等青。嘉万时期青花蓝中泛紫，发色艳丽浓重，其青料为回青或回青与石子青混合使用。万历后期至明末青花蓝中泛灰，所用青料主要为国产浙料。

在青花瓷发展的基础上，明代的彩瓷发展也有一个新的飞跃。明代永乐、宣德之后，彩瓷盛行，除彩料和彩绘技术方面的原因之外，更主要应归功于白瓷质量的提高。明代釉上彩常见的颜色有红、黄、绿、蓝、黑、紫等，最具代表性的为成化斗彩，斗彩是釉下青花和釉上彩色相结合的一种彩瓷工艺。例如成化斗彩器，彩色品种多且能据画面内容需要自如配色，其鸡冠的红色几乎与真鸡冠一致，葡萄紫色则几乎是紫葡萄的再现。所以，这时的彩瓷器一般都十分精巧名贵，如举世闻名的成化斗彩鸡缸杯等。

在成化彩瓷的基础上，嘉靖、万历时期的五彩器又揭开了彩瓷发展史上新的篇章。成化斗彩瓷，色彩鲜艳，画染风格以疏雅取胜；嘉万时期的五彩则是以红、淡绿、深绿、黄、褐、紫及釉下蓝色为常见，彩色浓重，其中以红、绿、黄色三种为主，尤其是红色特别突出，因而使得嘉万时期的五彩器在总体上有翠浓红艳的感觉，极为华丽。明代除青花、斗彩和五彩之外，其单色釉也有突出成就，最具代表性的是永宣时期的红釉和蓝釉、成化时期的孔雀绿、弘治时期的娇黄釉。

明代瓷器（特别是日用器）的造型除继承前朝之外，也有因时代需要变化而新产生的品种，如永宣时期的压手杯、双耳扁瓶、天球瓶等。成化时期则以斗彩鸡缸杯、"天"字盖罐等为典型器物，正德、嘉靖、万历各朝的大龙缸、方斗碗、方形多角罐、葫芦瓶等也都颇具代表性。另外也有各式文房用具如笔管、瓷砚、水注、镇纸以及棋子、棋盘、棋罐等瓷器传世。

明代瓷器装饰手法已从元以前的刻、划、印、塑等转为以彩绘（绘画）为主的手法。绘画纹饰的内容更加复杂多样，植物、动物、文字、山水、人物、花鸟、鱼及虫等无不入画。明代早期以写意画为主，画风自由、奔放、洒脱；明后期以写实为主，画面抒情达意，简约轻快，极有漫画趣味。

明代瓷器上的款识以文字书写款为主，官窑款工整端庄；民窑款则多种多样，以吉祥语款为多见。

明代是中国瓷业发展的一个非常重要的时期，在中国陶瓷史上占有显著的地位。

整个明代（1368—1644年），先后有17个皇帝在位执政，共经历276年（南明除外）。其瓷器的制作可分为三个时期：

早期：洪武、建文、永乐、洪熙、宣德，其中洪武、永乐和宣德为最高峰。

中期：正统、景泰、天顺、成化、弘治、正德，其中以成化斗彩最为著名。

晚期：嘉靖、隆庆、万历、泰昌、天启、崇祯，其中嘉靖、万历五彩及崇祯青花最为后世所重。

明代景德镇瓷器品种按其制作工艺可分为釉下彩、釉上彩、斗彩、五彩及单色釉、杂色釉。

（1）釉下彩，主要指青花、釉里红、青花釉里红、蓝地白花等。青花瓷在永乐、宣德时期达到了顶峰，该时期被称为青花时期的黄金时代。自此，青花瓷成为中国瓷业发展的主流，一直延续到今天。其中，釉里红创烧于元代，在洪武时期有了很大发展，一度兴盛。

（2）釉上彩可分为：①釉上单彩：有白地红彩、白地绿彩、白地黄彩、金彩、黄地红彩、黄地青花、青花红彩等。②釉上多彩：主要是指斗彩和五彩。

（3）斗彩，又称逗彩，指釉下彩和釉上彩拼逗而成的彩色画面。斗彩工艺发明于宣德时期，成化时期的斗彩极负盛名。

（4）五彩，俗称"古彩"，也称"硬彩"。五彩从宋、元的基础上发展而来，宣德时期成就突出。至嘉靖、万历时期五彩瓷器已是享誉中外。

（5）单色釉和杂色釉，品种繁多，绚丽灿烂，在中国陶瓷史上大放异彩，与青花彩瓷并重。

单色釉主要有：铜红釉，是以铜为着色剂的一种高温釉。永乐、宣德时期烧制得极为成功，故被世人称为"宝石红""霁红"等；之后极为少见，且质量大不如前。蓝釉，以钴料为着色剂，入窑一次高温烧成。永乐蓝釉，蓝色纯正，釉面滋润；宣德蓝釉，犹如蓝宝石，故有"宝石蓝""霁蓝"等之称。之后，各朝代虽有烧制，但质量明显下降。甜白釉，是永乐时期景德镇御窑厂烧制的一种半脱胎的白釉瓷，因其具有甜润的白糖色泽，故而得名。永乐、宣德时期即达到生产工艺的高峰。以上红、蓝、白单色釉为明代单色釉最名贵的品种。此外，还有仿哥釉、仿龙泉釉、铁红釉（也称"矾红釉"）、黄釉、洒蓝釉（也称"雪花蓝釉"）等。

杂色釉，是指以多种色釉施于一器的瓷器，兴盛于明嘉靖时期，传世品极少。

洪武龙泉窑龙纹葵口大盘　高8cm，直径42cm

永乐釉里红鸡心碗　高6.4cm，直径11cm

永乐法华彩扁瓶　高23.5cm

宣德绿彩地青花花卉纹水盂　高6cm

宣德青花龙纹梅瓶　高53cm

宣德青花海兽纹枕　长36cm，宽19.8cm，高9.4cm

成化斗彩八宝纹天字罐　高10.5cm

成化青花人物蟋蟀罐　高11cm

成化斗彩人物纹花口洗　直径12.5cm

弘治青花人物纹执壶　高27.6cm

嘉靖五彩鱼藻纹罐　高20.5cm

嘉靖鸡油黄釉盘　高4.2cm，直径22.2cm

嘉靖法华彩莲荷纹梅瓶　高35.7cm

嘉靖青花莲池鸳鸯纹大罐　高36.3cm

嘉靖青花鱼藻纹大罐　高45.5cm

万历青花龙纹盖盒　长23cm，宽14cm，高11cm

万历青花龙凤纹六方倭角盖盒　高16.3cm

万历青花鱼藻纹扇形兽纽盖盒　　高13cm，长19.5cm

万历青花云龙纹缸　　高38.5cm，直径40cm

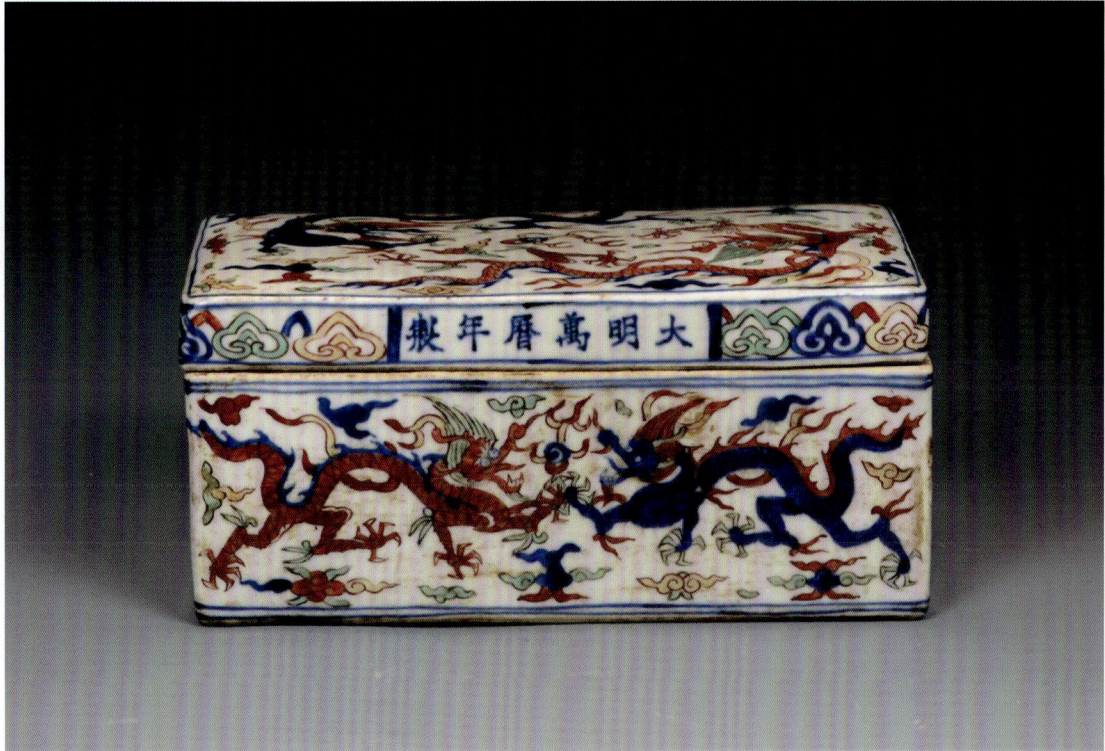

万历五彩龙纹长方盖盒　高10cm，长22.5cm，宽11.7cm

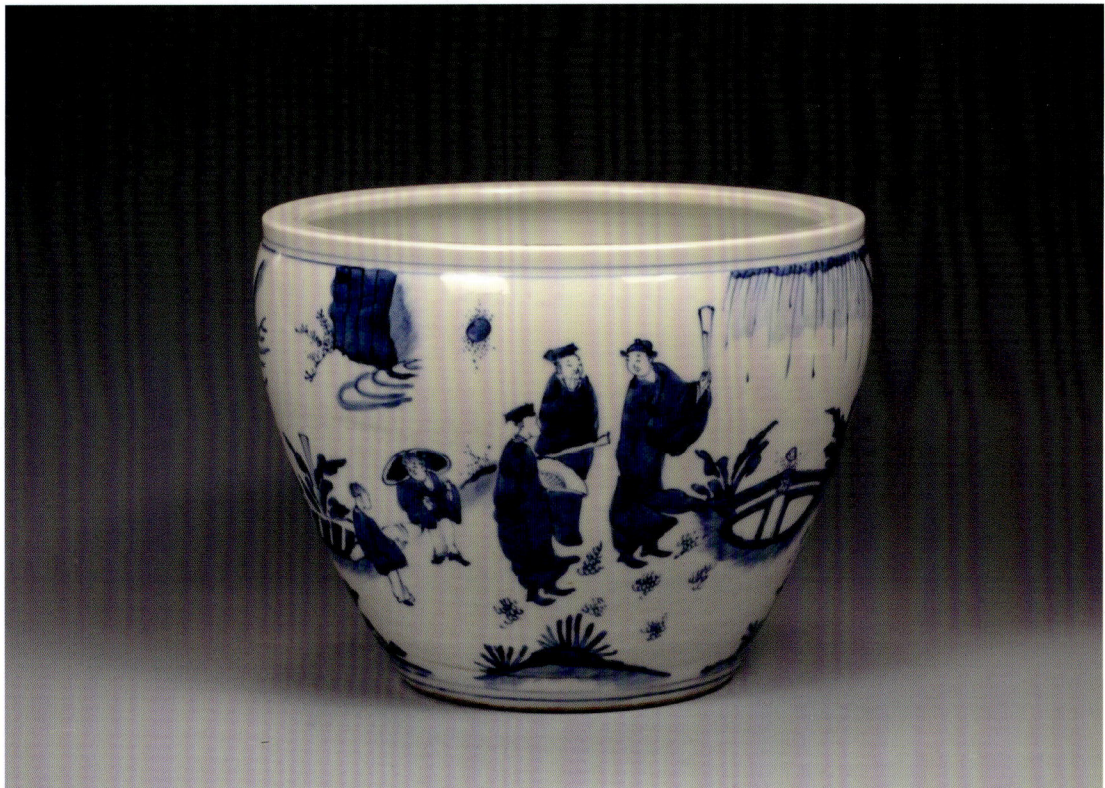

崇祯青花人物案缸　高16.4cm，直径21.3cm

崇祯青花芭蕉麒麟纹筒瓶
高41.7cm

崇祯青花刀马人物纹筒瓶
高44.7cm

崇祯青花人物纹莲子罐　高34.5cm

崇祯青花人物纹葫芦瓶　高46.6cm

　　至清代，瓷器烧造水平可谓已臻化境。数千年的经验，加上景德镇丰富的天然原料蕴藏、官派督陶官的专业管理，加之清朝初年的康熙、雍正、乾隆三代，因政治安定，经济繁荣，皇帝重视，瓷器的成就非常卓越。尤其是皇帝对瓷器的喜好，使得清初的瓷器制作技术高超，装饰精细华美，成就不凡，也充分体现了古代劳动人民卓越的才能与艺术创造力，这是悠久的中国陶瓷史上最光辉灿烂的一页。

　　对景德镇瓷器需求量的激增，使康熙、雍正、乾隆三代的景德镇瓷业进入了制瓷业新的历史高峰。康熙时期的青花、五彩、三彩、郎窑红、豇豆红、珐琅彩等装饰品种，风格别开生面。雍正时期的粉彩、斗彩、青花和高低温颜色釉等，粉润柔和，朴素清逸。乾隆时期的制瓷工艺，精妙绝伦，鬼斧匠工，前无古人；青花玲珑瓷、象生瓷雕、仿古铜、竹木、漆器等特种工艺瓷，惟妙惟肖，巧夺天工。瓷业兴，百业兴，乾隆时督陶官唐英《陶冶图说》："景德镇袤延仅十余里，山环水绕，僻处一隅，以陶来四方商贩，民窑二三百区，工匠人夫不下数十万，藉此食者甚众。"清代中期以后，由于外销陶瓷的蓬勃发展而诞生的广东广彩瓷器，以其色泽艳丽、富丽堂皇的繁缛华美风格而深受西方陶瓷爱好者的青睐。

顺治瓷器

　　顺治时期，瓷器主要以青花、五彩为主。由于明末战乱的原因，社会动荡，经济遭到严重破坏，政局尚未完全稳定，景德镇瓷业一度萧条，官窑产量很少，民窑则开始恢复大规模生产。这一时期民窑青花瓷数量较多。朝廷实行"官搭民烧"制度，官窑、民窑相互影响，相互推动和促进。"官搭民烧"制度的灵活实用，不仅为陶瓷生产闯出了新路子，同时也为此后康熙时期瓷器的繁荣与蓬勃发展打下了坚实的基础。顺治时期瓷器器型主要以生活用瓷为主，陈设瓷为辅，造型侧重实用性，新创的器型不多，基本是延续明代的传统式样，形制上虽多具明代之遗风，但也出现了一些新颖的品种。器物形体多高大厚重，轻巧的器型不多见，风格趋于简单，朴素典雅、端庄大方。顺治瓷器中的青花装饰上以山水、洞石花卉纹出现最多，其次是人物纹。顺治青花使用的青料有质量较好的浙料和质量较差的江西土青。顺治瓷器造型雄伟有气魄，胎体厚重坚硬，其中青花发色蓝中泛灰，釉面白中闪青，较之其前后朝，整体水平欠佳，也有少量细路瓷器，纹饰以麒麟芭蕉、八仙祝寿、罗汉等最具有代表性。

康熙瓷器

康熙时期，逐步将景德镇的御窑厂恢复完善，其产品质量更加好转，比前代还略有进步，所以有人认为清代的陶瓷复兴之路应从康熙时期开始计算。这一时期在整个清代瓷器发展过程中占有重要地位。康熙十七年（1678年），朝廷派内务府官员至景德镇，驻厂督造，并开创了以督窑官姓氏称呼官窑的先例，比如具有代表当时制瓷水平的"臧窑""郎窑"等。

康熙瓷器品种繁多，千姿百态，造型普遍古拙，胎体比较厚重，同样大小的器物，要比清朝其他时期的器物要重些。较大型作品采用分段成型整体组合的技法，修胎工艺精细，交接处不留痕迹。康熙五彩的主要颜色有红、黄、紫、绿、蓝、黑等，很少用青花，描绘精致；另一特征是在康熙后期的作品中，人物面部只用轮廓勾出而不填彩。

模仿前代名瓷也是这一时期的生产特点，如在造型上模仿古代铜器，在风格特点上模仿各大名窑的釉色纹饰等。这种模仿，很大程度上要依赖多种颜色釉的出现，如"臧窑"出产的蛇皮绿、鳝鱼黄、吉翠、浇黄等。康熙四十四年（1705年），朗廷极任江西巡抚，兼管窑务，史称"郎窑"。在其任职期间，大力推动瓷器革新，豇豆红、郎窑红、胭脂红、祭红、洒蓝、瓜皮绿、孔雀蓝、豆青、金银釉等花色品种纷纷出现，争奇斗艳。

珐琅彩、粉彩是这一时期我国古代劳动人民在陶瓷生产工艺上的伟大革新与创造。珐琅彩是国外传入的一种彩料，初期是在胎体未上釉处先作地色，后画花卉。有花无鸟是这个时期的特征之一。粉彩是在康熙五彩的基础上受珐琅彩的影响而产生的新品种，描绘人物服装或植物花朵时，先用含砷的"玻璃白"打底，再在上面用芸香油调和的彩料渲染。其效果较淡雅柔丽，因视觉上与五彩相比显得柔和绵软，所以也称"软彩"。

康熙后期的瓷画风格多受当时著名画家"四王"（王时敏、王鉴、王原祁、王翚）的影响，装饰内容多为山水松石、古装人物、神仙罗汉、仕女美妇等。

雍正瓷器

雍正时期，其瓷器生产达到了历史最高水平，制作之精冠绝各代。雍正瓷器总体风格轻巧俊秀，精雅圆莹。这一时期的粉彩成就最为突出，粉彩器大为盛行，从而取代了康熙五彩的地位，成为釉上彩的主流品种。雍正粉彩不仅有传统的白地彩绘，还有各种色地彩绘，如珊瑚红、淡绿、酱地以及墨地等。

雍正瓷器造型不同于前代，它一改康熙时浑厚古拙之风，代之轻巧俊秀，典雅精致，外形线条柔和圆润。其胎体选料极精，壁薄体轻，匀称一致，仰光透视，略显淡青，呈半透明状，在纹饰上，釉下彩中的青花和釉里红的制作工艺达到极盛阶段，青花和釉里红在同一种气氛中烧成，两种色泽都十分鲜艳夺目。

雍正六年（1728年），唐英被朝廷派至景德镇御窑厂督导瓷器生产，取得了很大成绩。在其督陶期间，瓷器烧制技术达到历史最高水平，仿古瓷品种如官、哥、汝、钧等名窑制品也非常成功。出于康熙时期的茶叶末、铁锈花等铁结晶釉，在此时达到极盛。稍后，唐英所作的《陶成纪事》中，总结了景德镇御窑厂的主要工艺，列出五十七条之多。许多颜色釉也在这一时期成熟起来，如祭红、祭蓝、粉青等。

雍正瓷器的款识：官窑早期流行"大清雍正年制"六字三行横排双圆圈或方框竖写楷书款，珐琅彩器多署"雍正年制"或"雍正御制"款；民窑署字较为草率，喜用吉语。

乾隆瓷器

乾隆时期是清代社会发展的顶峰时期。御窑厂内聚集了大量管理人才和能工巧匠，使乾隆朝的烧瓷水平又有所进步。这一时期的产品从技术上讲虽精工细作，不惜工本，但从艺术格调上讲却显烦琐华缛，堆砌罗列，较前朝有衰退迹象，成为清代制瓷业的一个转折点。

乾隆瓷器一面保留传统的精华，一面吸收西方艺术。外观造型大部分比较规整，除常见器型外，出现了一些奇巧怪诞的物件，主要用于赏玩，被称作"浑厚不及康熙，秀美不如雍正"。此时盛行在琢器上使用转心、转颈等技艺手段，制作工艺极其精致。仿生瓷技术高超，仿木纹、仿竹器、仿漆器、仿金属器等，几可乱真。这与当时制瓷艺人的高超技术密不可分，他们高度准确地掌握了釉料的配制和火候的控制，以至能惟妙惟肖地模仿别的物质，达到几可乱真的效果。

乾隆时期，粉彩几乎完全取代了五彩，成为彩瓷生产的主流品种。但产品质量不如前代。在粉彩器皿上讲究用镂空、堆塑等复杂的装饰手段，辅以"轧道工艺"和开光、剔刻等。

嘉庆道光瓷器

嘉庆时期，国家太平，各行承袭旧制，不思进取，景德镇御窑厂已无督陶官，改由地方官员兼管。嘉庆后期开始，制瓷工艺日趋衰落，产品多显粗糙笨拙。除传统器型外，奇巧华丽的观赏品也逐渐减少，缺乏创新。帽筒是这一时期出现的一种新的器型，鼻烟壶及文具在士大夫阶层广为流行。此时珐琅彩已停烧，粉彩装饰盛行"百化不露地"的手法，也称"万花锦"。单色釉比以前也减少了一些品种，风格上与乾隆时期瓷器基本相同。

清朝统治至18世纪末叶明显开始走下坡路。道光时期的陶瓷业随着国势衰微，其生产规模也大大下降，产品质量亦大不如前。

道光瓷器的造型特点比较明显。一是外型比较笨拙，缺乏灵性；二是线型不够圆润，板滞生硬；三是足脊多不平整。装饰图案中的人物形象有形无神，构图零乱，线条纤弱。但唯一例外的是"慎德堂"款的御用粉彩器皿，极为精美，不同于同时代的其他产品。"慎德堂"是道光皇帝在圆明园内居住的寝宫，景德镇所产的器皿上以"慎德堂"三字直款最为稀少。款多为抹红色，也有描金色，器皿多以折枝花为装饰。

咸丰瓷器

咸丰时期，国力衰败之极，太平天国起义致连年战乱不休，百业俱废。又遭八国联军入侵京城，火烧圆明园，国家遭受巨大损失，陶瓷业也难逃厄运，所以咸丰时期的传世精品很少。这一时期的产品更加粗糙轻率，胎体厚重且疏松，表面施釉厚薄不一，还常出现橘皮状坑凹。造型笨拙最典型者数玉壶春瓶，腰腹粗大，颈部粗短。咸丰官窑瓷器款识主要为"大清咸丰年制"六字两行楷书，字体工整，字外无圈栏，亦见有篆书横款。

咸丰年间，景德镇官窑厂被太平军损毁，陶瓷业遭重创。

同治光绪宣统瓷器

同治瓷器以承袭前朝为主，粉彩器以彩色为地，一般以淡黄、淡蓝、淡绿或淡紫色为多见。"体和殿"款瓷器是为朝廷所造的陈设品，器型尚规整但略显呆板。这一时期的装饰图案多采用吉祥纹样以及龙凤云鹤等，格调不高。

"同光中兴"以后，社会局面有所稳定，陶瓷业也随之复兴，虽不及康乾旧貌，但相对而言，在晚清时期也算是比较繁荣的时期了。这个时期的产品基本上囊括了晚清以前所有的传统器型，在仿古的基础上亦有创新，如荷叶式盖罐、加铜质提梁的茶壶等器型都为新创。青花精品极少见，多数以色调浮浅暗晦为特点，钴料开始使用一种"洋蓝"，虽鲜艳却不美观，发蓝紫色，绘工用笔软弱散乱。这一时期青花加紫的装饰手法比较多见。为慈禧御用制"大雅斋"款的官窑瓷器，是这一时期比较少见的精品，画风细柔，图案精巧，往往有"永庆升平""天地一家春""永庆长春"等印章款，制品以松石绿地、墨彩花卉、龙纹较为常见，五彩器物多见装饰牡丹、萱花、绣球之类纹饰。

宣统瓷器量少，但比光绪瓷器要规整精细许多。其胎体选料上乘，胎壁轻薄均匀，胚釉结合好，烧结程度较高，叩击声音清脆。从技术角度而言，宣统瓷器的工艺水平较高，已开始具有现代陶瓷工艺的前期特征。

清代瓷器款识简述

清代是中国制瓷史上的集大成时期，其制瓷水平达到了前所未有的高峰。受等级森严的封建统治制度和制瓷传统影响，清代的官窑瓷器和民窑瓷器的款识在题写上也有一定的惯例，同时又新开创了金彩、墨彩、珐琅彩等题写工艺，而且各种堂名款、花押款、吉语款也更为多样。

清代共有皇帝十个，均有帝皇纪年款的瓷器传世。他们依次是顺治、康熙、雍正、乾隆、嘉庆、道光、咸丰、同治、光绪、宣统。

顺治官窑器以书写"大清顺治年制"两行六字楷书青花款为主，也有写"顺治年制"四字款。款字用笔有力、起笔见峰、住笔见顿、划多下拉、勾捺上剔，但整体布局不甚规整。

民窑款较为多样，有篆书堂名款，如"玉堂佳器""继善堂""梓桑轩"等，有各式花押款、伪托款。祭器多用干支纪年款。

康熙朝历时61年，款识较多。其官窑款多为"大清康熙年制"六字两行或三行青花楷书款，晚期有少量篆书款。前期常见干支纪年款，如"康熙辛亥中和堂制"等。珐琅彩器上书"康熙御制"四字楷书料款。其字体前期宽大，笔划粗重挺拔，顿捺明显。字体后期清秀，在具体写法上也有细微区别，如"熙"字四点多为直点或顺点，少逆点；"年"字三横前二横较短，第三横较长，且紧紧上靠，一竖较长；"款"字外饰有单圈、双圈、双正方框等。

康熙民窑款识更为多种多样，有图记款，如秋叶、角、爵、方胜、杂宝，还有寓意性图案，如一支笔、银锭、如意组合为必（笔）、定（锭）、如意等。私家款如"杏林春宴""北庆堂""益友堂""若深珍藏"等，有光画双圈、不写字的双圈款，还有"文章山斗"之类的闲章款。仿前朝的寄托款，以仿成化和嘉靖款居多。

雍正官窑款主要是"大清雍正年制"六字两行楷书青花双圈款，也有双方框款；其次是多用于单色釉瓷上的三行六字篆书款。从字体上分析，雍正款识由专人题写，所以各类瓷器上的字体大致相同。楷书款早期为三行双圈，晚期为双行双圈或双框。"雍正年制"四字篆书刻款主要用在仿均、炉均和茶叶末等器物上。"雍正年制"或"雍正御制"四字楷书堆料款仅用于珐琅彩瓷。

雍正细路民窑器大多数落各种堂名款，如"正谊书屋""百一山房""澹宁堂""望吟阁"等，一般民窑器款则复杂多样，如用灵芝款、香炉款、团花款、方块款、豆腐干款、四朵花款等。

乾隆时期瓷器产量极大，官窑款用得最多的是"大清乾隆年制"三行六字篆书款，款字一般以青花书写为主，但亦有抹红写款，在白瓷、茶叶末、珊瑚红等特殊器物上往往用"大清乾隆年制"刻款。

乾隆民窑款形式也极丰富，堂名款和花押款多大体与雍正朝相同，故鉴定时有一定的难度。乾隆朝首次出现草记款。

嘉庆官窑器一般都用"大清嘉庆年制"三行六字篆书款，主要为青花、无栏框；亦有少量楷书款。粉彩器上常见抹红款，个别器物用刻划款。

民窑器中有六字篆书方款，亦有"嘉庆年制"四字款，大多十分草率，有的仅写半边字，还省减笔划，称为草记款，故十分难认。堂名款以"行有恒堂""嘉荫堂制""植本堂"等为多见。花押款除部分沿用乾隆时期的之外，新出现蝙蝠、桃子等款识。

道光官窑器一般以"大清道光年制"六字三行篆书青花款为主，也有抹红款及描金款。茶叶末、炉均釉等器物上则为六字刻款。个别粉彩器上偶见"道光年制"四字红地描金篆书款。道光时期落有堂名款的如"退思堂制""山解竹主人造"等，大多是精品。慎德堂是道光皇帝起居之地，后期也成为道光皇帝处理政务的地方，故题有"慎德堂制"红款的道光朝瓷器应是道光皇帝的御用瓷。

民窑款器亦多有六字或四字纪年款，一般均不太规整，开始出现百结图记款。

咸丰及其后的同治、光绪、宣统各朝再次兴起楷书题款风气，大多为六字双行或六字三行"大清××年制"款。款外均无圈框，字体工整，清秀修长，有青花、红彩、金彩、墨彩及刻款等形式。这一时期篆书款不多。其中光绪时署有"大雅斋""天地一家春"及"长春同庆""永庆长春"等款的官窑器最为精致。

民窑款则多无定制，形式较多，同治时多有"同治年制"四字篆书戳记印款及抹红款。光绪时多伪托款，一般是"康熙年制"或"若深珍藏"等。

顺治青花花鸟纹四联瓶　高21cm

顺治青花花鸟纹莲子罐　高30cm

顺治五彩麒麟芭蕉纹罐　高26.5cm

康熙五彩人物纹筒瓶　高35.8cm

康熙青花开窗人物纹缸　高46.5cm

康熙青花前后赤壁赋天圆地方瓶　高53.7cm

康熙青花釉里红龙纹梅瓶　高21.5cm

康熙豇豆红釉三足炉　高16.8cm，直径18cm

康熙青花人物纹八棱将军罐　高68.5cm

康熙青花山水人物凤尾尊　高43.5cm

康熙豇豆红釉花觚　高18cm

康熙釉里红夔蝠纹摇铃尊　高17.7cm

康熙青花釉里红八卦纹瓶
高22cm

康熙黄地绿彩沥塑麒麟纹蒜头瓶　高37.8cm

康熙青花山水人物纹棒槌瓶　高75.7cm

康熙青花萧何月下追韩信将军罐　高58cm

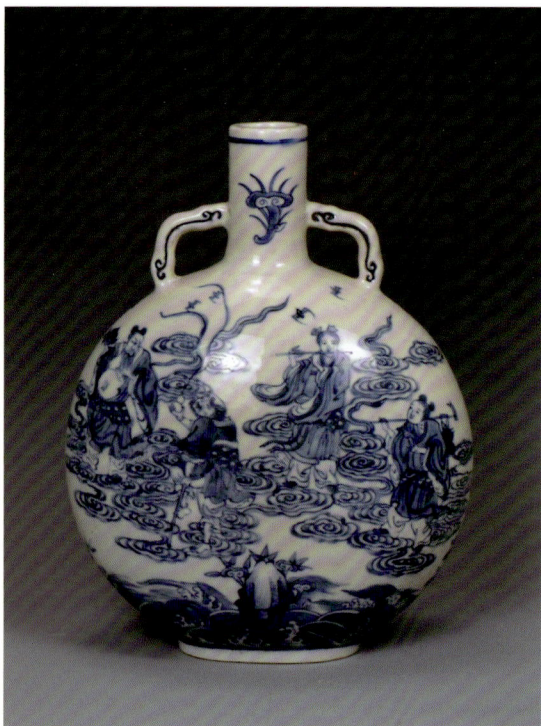

康熙青花八仙人物抱月瓶　高30.4cm

康熙素三彩三多纹马蹄尊　高9.6cm

康熙青花人物诗文观音瓶　高27.5cm

康熙青花刀马人物大棒槌瓶（一对）　高78cm

康熙乌金釉五彩龙纹摇铃尊　高24cm

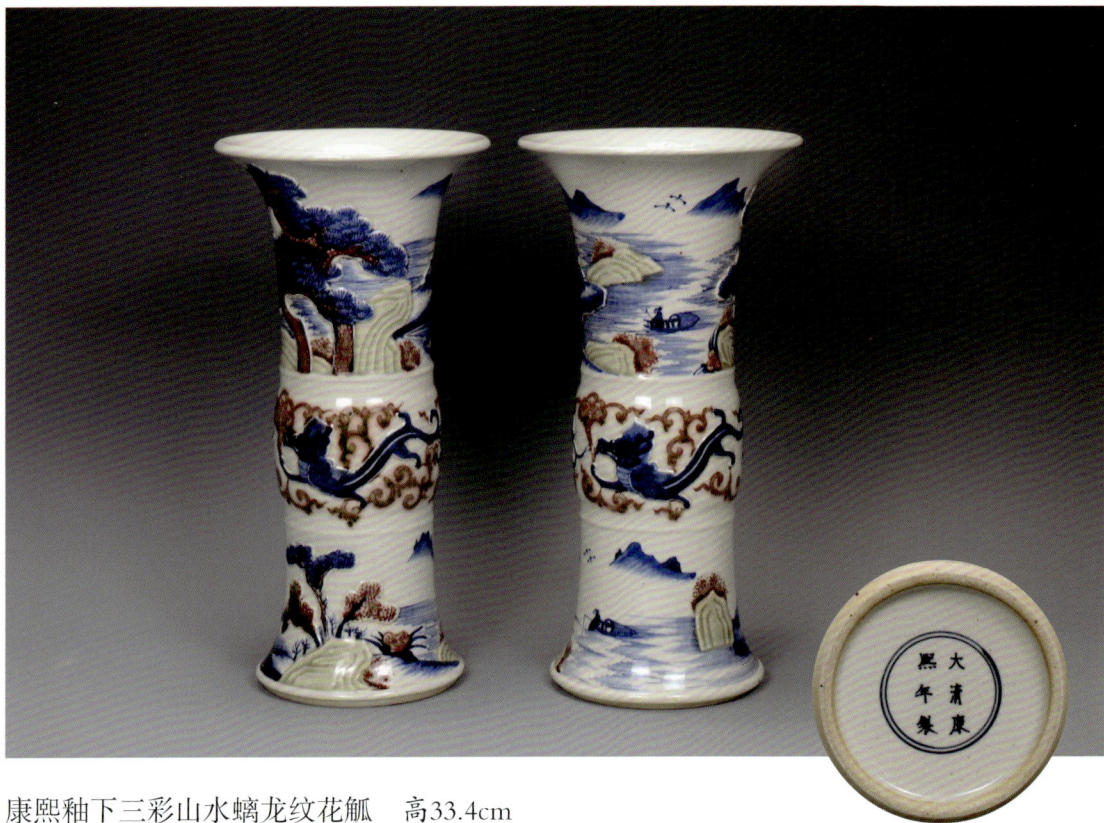

康熙釉下三彩山水螭龙纹花觚　高33.4cm

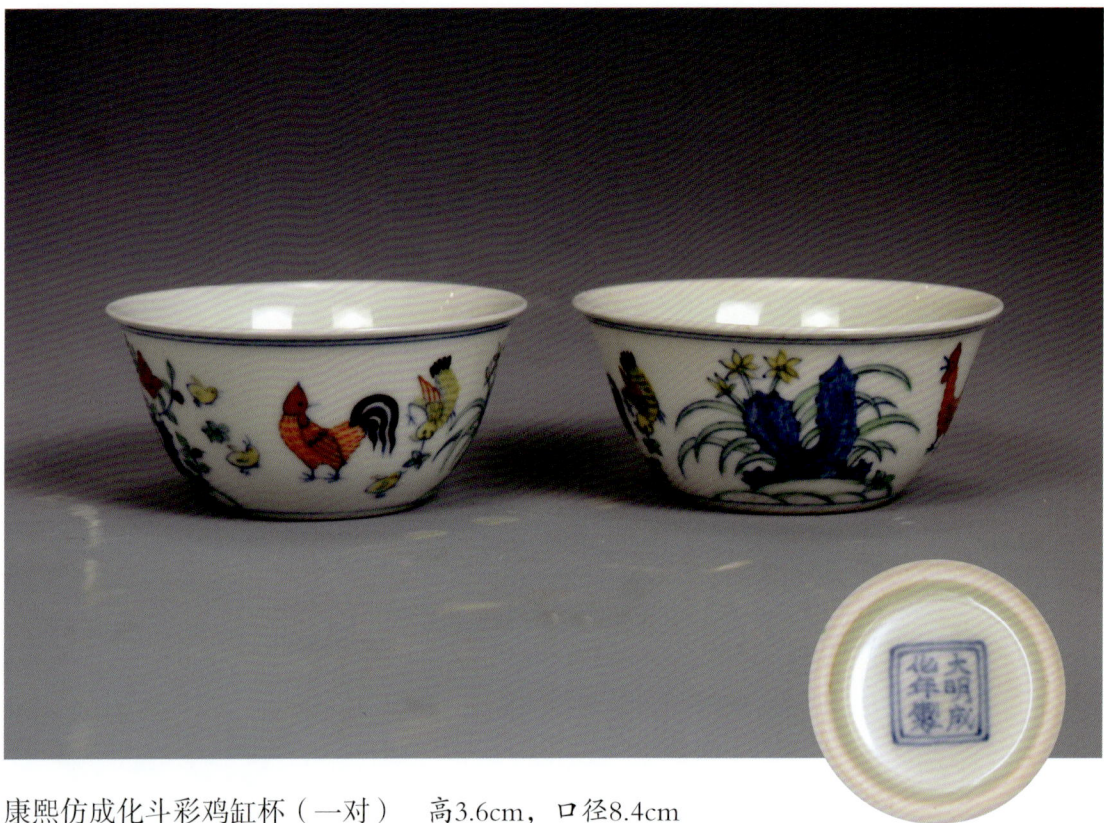

康熙仿成化斗彩鸡缸杯（一对）　高3.6cm，口径8.4cm

康熙黄地紫彩摇铃尊　高30.3cm

康熙青花人物纹四方倭角瓶　高55cm

康熙青花万寿尊　高77.5cm，口径38cm

康熙釉里红海兽纹长颈瓶　高32cm

康熙天青釉如意耳瓶
高22.5cm

康熙天青釉柳叶瓶
高18.5cm

雍正青花寿字花卉纹水仙盆　高13.3cm，长24cm，宽18.4cm

雍正苹果绿釉盘　高5.4cm，口径26.7cm

雍正斗彩团龙纹碗（一对）　高7.6cm，口径14.5cm

雍正青花云蝠纹碗　高7.3cm，直径16.5cm

雍正石纹釉珊瑚红描金包袱纹葫芦瓶　高20.4cm

雍正石纹釉珊瑚红描金包袱纹瓶
高21.5cm

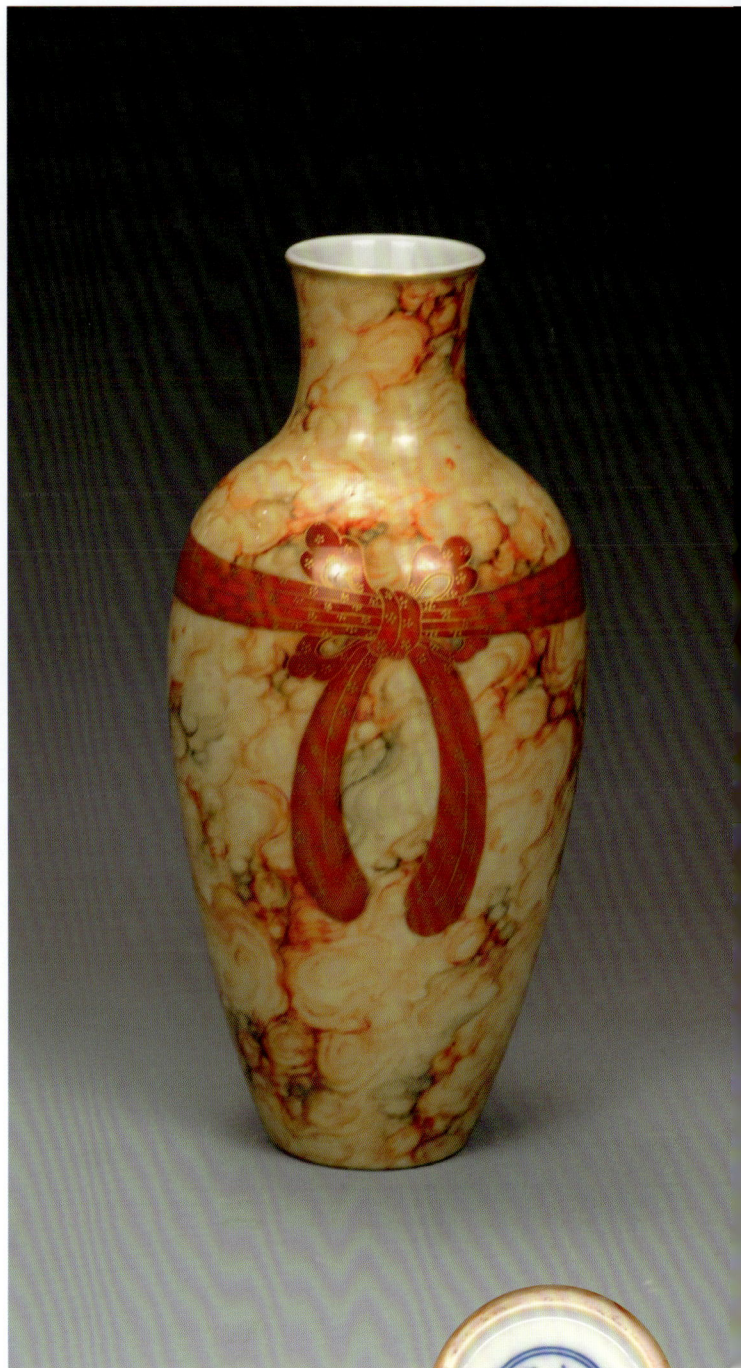

雍正石纹釉珊瑚红描金包袱纹瓶
高20.6cm

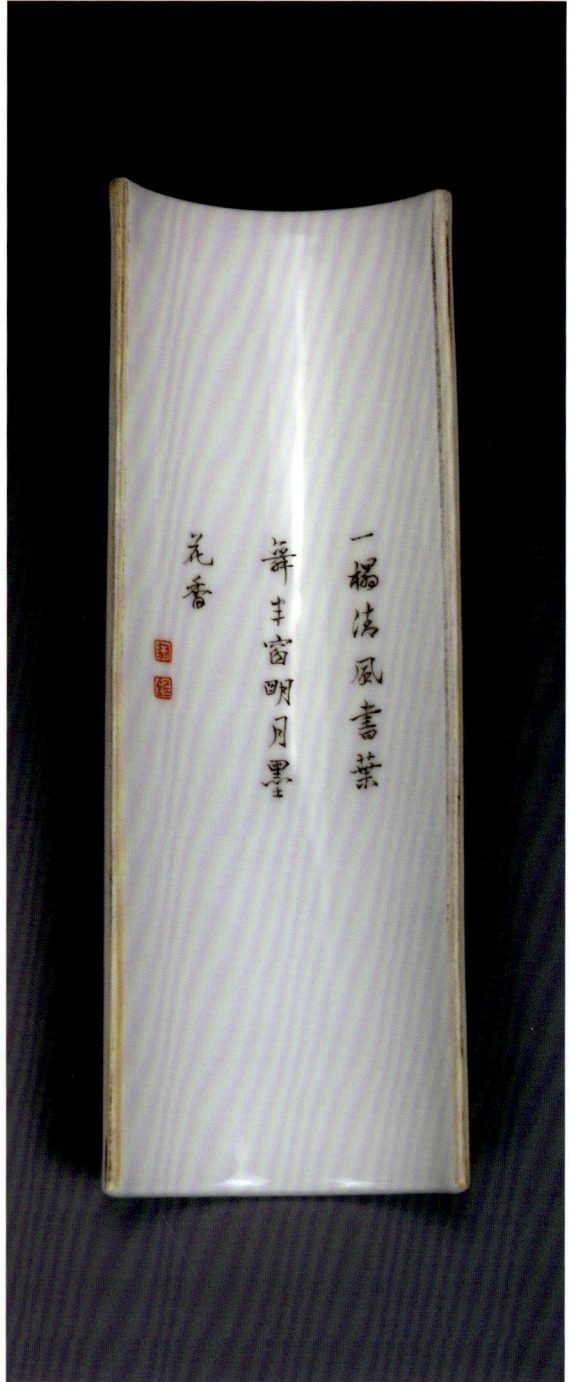

雍正墨彩山水纹臂搁　长23cm，宽8cm

雍正天青釉唇口尊　高18cm

雍正石纹釉茶船（唐英款）　高4.5cm，宽8.5cm，长14.5cm

雍正青花人物纹灯笼尊　高46cm

雍正松石绿釉葫芦瓶　高28.6cm

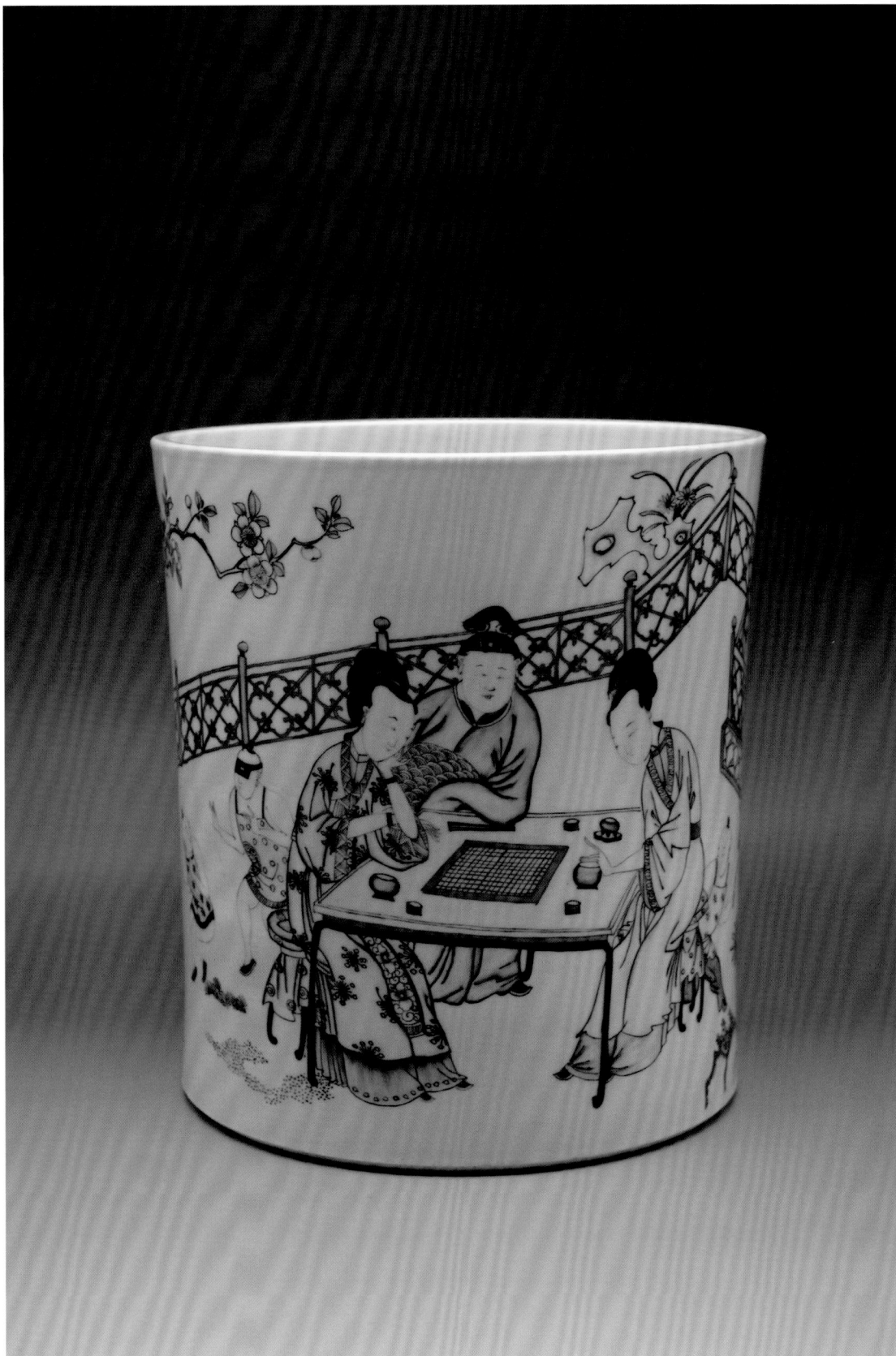

雍正墨彩人物笔筒　高21cm，直径19.8cm

雍正珊瑚红地珐琅彩花蝶纹蒜头瓶　高8.2cm，直径17cm

雍正苹果绿釉天球瓶　高32cm

乾隆斗彩缠枝莲纹胆式瓶（一对）　高21.4cm

乾隆青花开窗花鸟纹葫芦瓶　高13.6cm

乾隆斗彩缠枝西番莲纹胆式瓶　高28.5cm

乾隆斗彩缠枝莲夔蝠杂宝纹梅瓶　高34.7cm

乾隆粉彩仕女纹六方瓶　高32.2cm

乾隆粉彩婴戏纹胆瓶　高28cm

乾隆炉钧釉八卦纹炉　高7.5cm，直径17.5cm

乾隆黄地粉彩山水纹天球瓶　高33cm

乾隆松石绿地粉彩瓜蝶纹梅瓶　高21.4cm

乾隆青花缠枝莲纹盖尊　高22.7cm

乾隆青花龙纹胆瓶　高35cm

乾隆青花龙纹四方梅瓶　　高29cm

乾隆松石绿釉胆瓶　高25.4cm

乾隆石纹釉描金龙纹象耳瓶　高23cm

乾隆茄皮紫釉雕瓷山水纹印泥盒　高4.1cm

乾隆天青釉双龙耳剔刻瓜蝶纹瓶　高45.2cm

乾隆乌金釉观音瓶 高28.4cm

乾隆紫金釉包袱海棠瓶　高26.7cm

乾隆松石绿釉如意绶带耳玉壶春瓶　高32.3cm

乾隆豆青釉龙凤纹菱形瓶　高36.6cm

乾隆豆青釉镂空龙纹四方洗　高7.6cm，直径14.2cm

乾隆粉彩婴戏纹碗　高7.3cm，口径15cm

乾隆豇豆红釉蒜头瓶　高21cm，直径12.5cm

乾隆祭红釉碗　高5cm，直径10.2cm

乾隆蓝釉雕瓷锦地团寿纹盖碗　高8cm，直径11.7cm

乾隆斗彩缠枝莲纹大缸　　高51cm，直径53cm

乾隆铺首衔环缠枝莲夔龙纹缸　高52.5cm，直径66cm

乾隆青花缠枝花卉纹贯耳尊　高56cm

乾隆青花山水纹天球瓶　高38cm

乾隆洒蓝釉尊　高29.7cm

乾隆天蓝釉摇铃尊　高27cm

乾隆天青釉三联葫芦瓶　高15.2cm

乾隆粉彩花鸟纹铺首衔环尊　高42cm

乾隆粉彩婴戏图灯笼瓶（一对） 高31cm

乾隆铁锈花釉鸠耳炉　高6cm，直径13cm

乾隆青花南昌章江门景将军罐　高62.5cm

清中期黄釉粉彩仕女图夔龙耳尊　高48cm

清中期窑变釉贯耳尊　高55cm

清中期粉彩龙纹桶式洗　高7.5cm，直径12cm

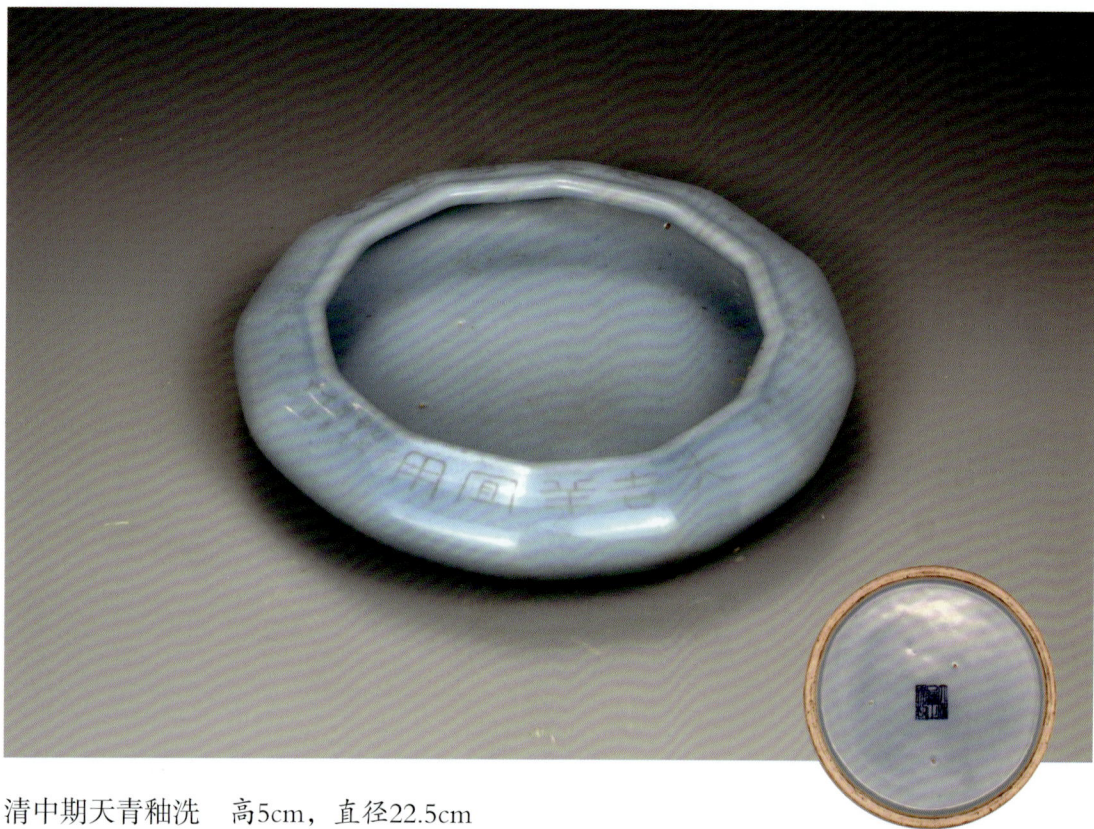

清中期天青釉洗　高5cm，直径22.5cm

清中期缠枝莲纹缸　高47.5cm，直径52cm

清中期青花粉彩仙人乘槎赏瓶　高40.7cm

嘉庆清花四季平安纹缸　高46cm，直径51cm

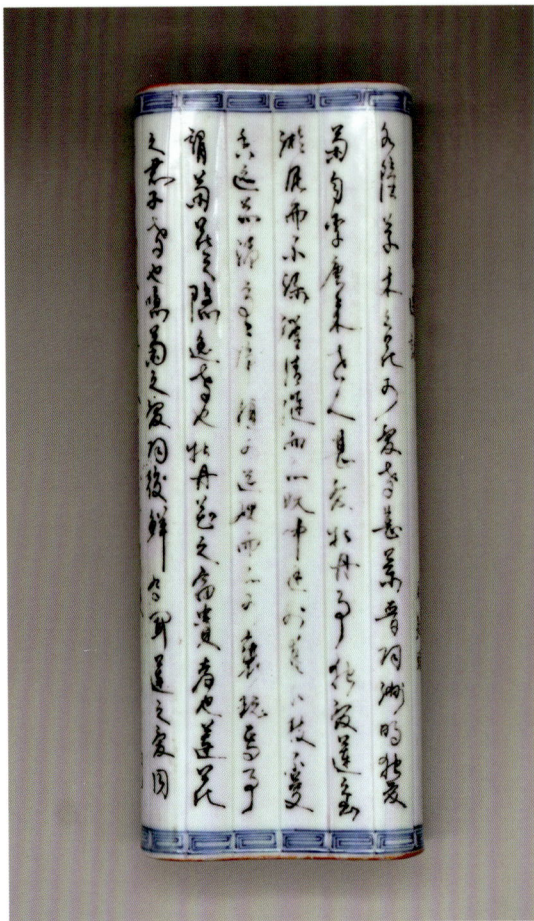

嘉庆青花墨彩诗文臂搁　长23.5cm

嘉庆粉彩八仙人物纹碗　高6.7cm，口径14cm

嘉庆青花矾红龙纹盖碗　高7cm，直径9.6cm

嘉庆洋彩花卉鱼鸟纹象耳尊　　高67cm

道光粉彩仙鹤纹高足碗（一对）　高10.5cm，直径15.4cm

道光青花龙纹长颈瓶　高32cm

道光青花粉彩花卉瓜蝶纹碗　高6.1cm，直径1.2cm

咸丰蓝地粉彩开窗婴戏纹赏瓶　高41.4cm，直径24cm

咸丰黄地粉彩蝠寿纹朝天耳三足炉　高45.2cm

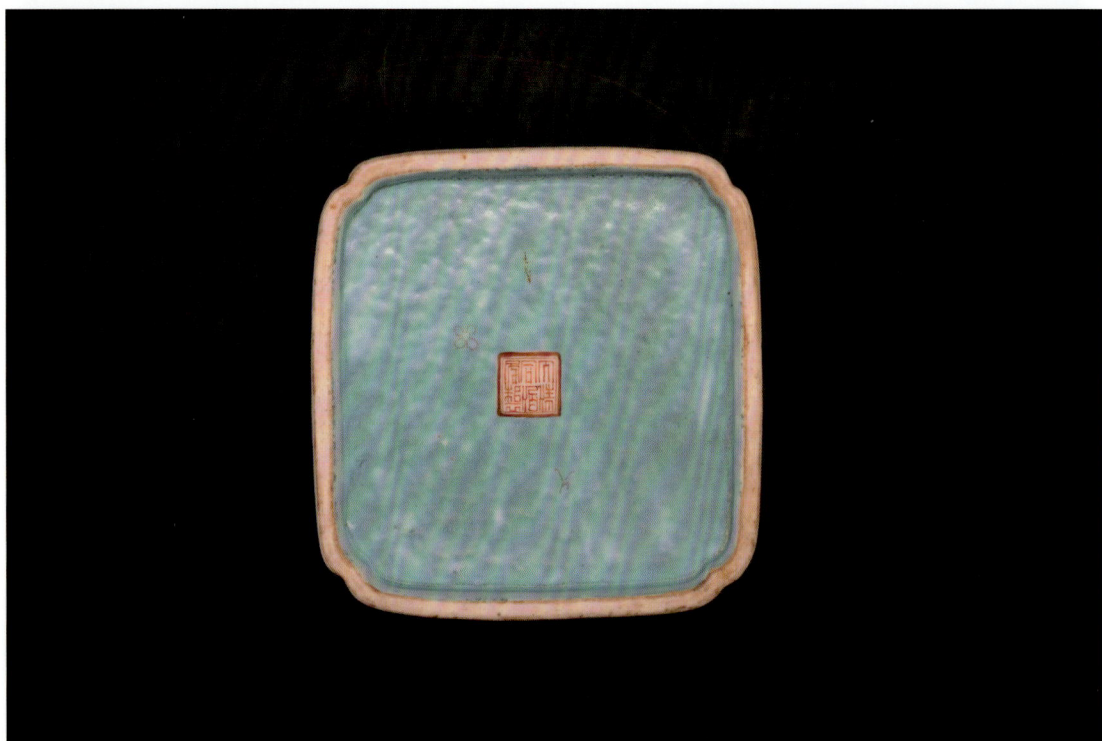

同治粉彩花卉纹方洗　高6.8cm，直径15.5cm

同治粉彩百子图四方笔筒　　高28.7cm，直径20cm

同治粉彩花卉仙鹤纹绣墩　高47.7cm，直径37.5cm

同治粉彩无双谱天球瓶　高57.6cm

同治胭脂地粉彩喜字渣斗　高12.8cm，直径12.8cm

光绪大雅斋粉彩龙纹五管瓶　高23cm

光绪茶叶末釉罗汉　高21cm，直径21cm

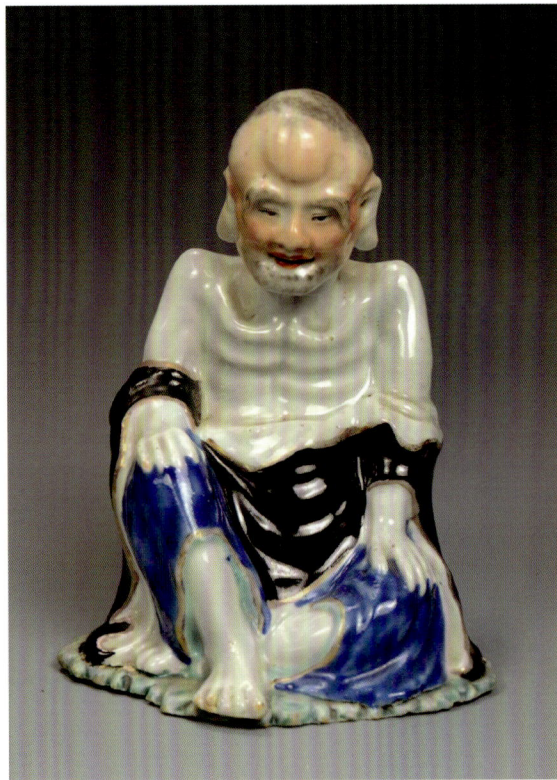

光绪粉彩瘦骨罗汉瓷塑　高17.5cm

光绪粉彩刘海戏金蟾　高35cm

光绪素三彩渔翁瓷塑　高20cm

光绪青花金彩龙纹将军罐　高61.5cm

光绪祭蓝釉描金花鸟纹八方瓶　高37cm

光绪祭蓝釉描金龙纹赏瓶　高39.3cm

光绪五彩人物纹四方瓶　　高82cm

光绪粉彩百蝠赏瓶　高43cm

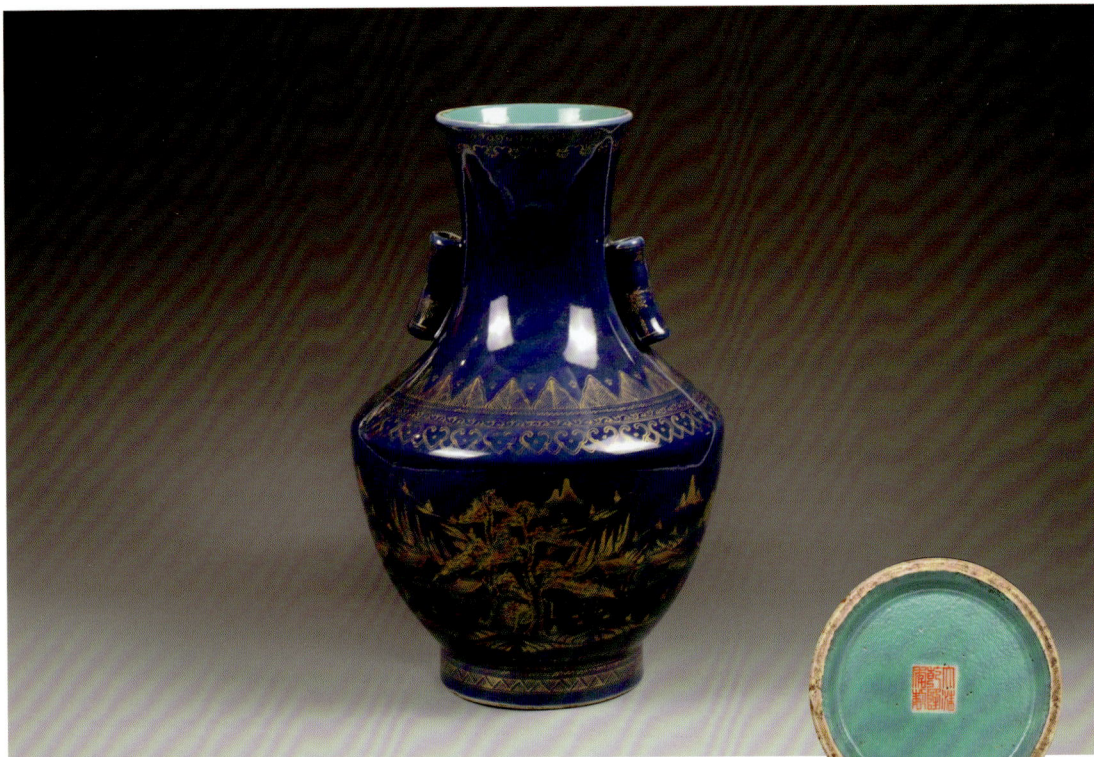

光绪祭蓝釉描金山水纹贯耳尊　高28cm

光绪黄地粉彩万寿无疆碗　高7cm，直径16.8cm

光绪粉彩花鸟纹玉壶春瓶　高37cm

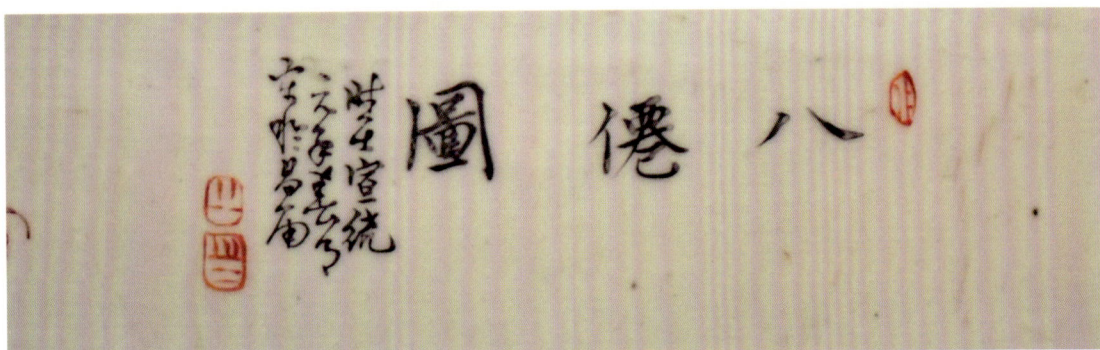

宣统粉彩八仙人物纹画缸　　高31cm，直径37.8cm

宣统粉彩福寿纹盘　高4cm，直径23cm

宣统粉彩花卉纹马蹄碗　　高7.7cm，口径16cm

清末醴陵窑釉下五彩四开窗人物花鸟纹缸　高40cm，直径52cm

晚清雕瓷仕女图笔筒（王炳荣款）　　高17cm，直径6.6cm

民国瓷器是指1911年至新中国成立之间制作的瓷器。民国瓷器大体可分为仿古瓷、日常生活用瓷两大类。仿古瓷从前代青花、五彩、粉彩器模式而生产，多为达官贵人所定烧，如徐世昌定烧的仿雍正官窑器等。仿古瓷基本上代表了民国瓷器生产的水平。日常生活用瓷多为质地粗松的青花、五彩和粉彩等日常生活器皿。民国瓷器虽然继承了晚清瓷器的风格，但与晚清瓷器仍有明显不同，其造型较晚清瓷器纯朴自然，以简单和平直的造型为多见，如琮式瓶、灯笼瓶、冬瓜坛等。

民国近40年的时间，上连清末，下接现代，因此，瓷品特征也有一些变化。民国瓷器早期与光绪朝瓷相似，晚期又与现代瓷相近。总体说来，民国瓷仍然是沿着下坡路日见萧条，无论是数量还是质量均不如从前。但是，也有一些精品瓷值得关注，如民国初由江西瓷业公司督造的瓷器、袁世凯称帝时定制的一批"居仁堂"款瓷器、景德镇珠山八友所绘瓷器、民国初期的名家绘制的浅绛彩瓷，以及当时仿造的历代重要瓷器中的精品瓷等，其精美程度均不亚于晚清的官窑器。大量民国日用生活瓷，其制作精良者，也值得收藏。

早期民国瓷器普遍较为粗糙，较晚清尤甚，部分精细器物与晚清精品相类。民国晚期由于工艺操作机械化程度提高，胚胎整齐划一，厚薄均匀，切割精准，胎土细润，铁星减少。另外，由于窑炉和燃料的改进，器物受火均匀，胎土瓷化程度提高，不易变形，胎体坚致。民国前期瓷器釉面大都略微泛黄，表面光泽柔和，给人一种松软之感；民国后期釉料经过机械处理，釉面明净细润，光亮柔和。民国瓷器所用青花料，一种是沿用清代存料，但多有杂质因而多数呈色发灰，不似前朝发色；另一类发色也见纯正艳丽的，却不够沉着，不能入骨，有漂浮感。民国瓷施彩已逐渐不取矿物颜料而采用化工颜料，色彩纯度提高，少有杂质。

袁世凯称帝时定烧了一批"居仁堂"款瓷器，系民国瓷中之精品。但此类瓷极少，制作精致工细，而且大都是小件物品，所写"居仁堂制"均为篆体。今所见写"洪宪年制"款者，均属后仿，都不是袁世凯称帝当时之物。

民国青花开窗花鸟纹花盆

高21cm，直径22.5cm

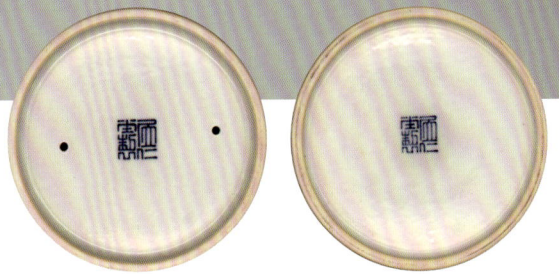

粉彩人物梅瓶　高29.3cm

汪野亭绘粉彩通景山水纹多格洗　长17.7cm，宽11.3cm，高6cm

王云泉绘粉彩山水纹瓷板画　长36cm，宽24.5cm

汪小亭绘粉彩山水纹印盒　高2.5cm，直径6.5cm

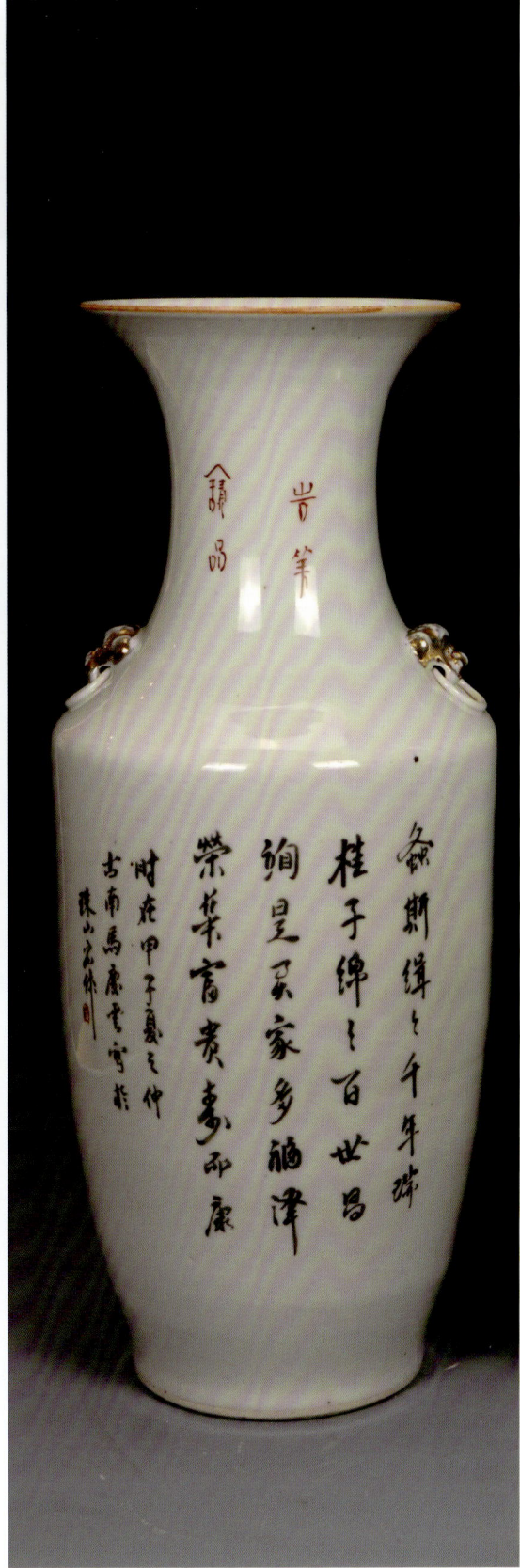

马庆云绘粉彩婴戏纹瓶（一对）　高57cm

青花粉彩群仙图天球瓶　高45cm

民国张志汤绘双马图瓶　高26cm

民国王琦绘人物纹瓶　高26cm

"浮梁县陶校制"款木纹釉盘　高7.5cm，直径40cm